文春文庫

「俳優」の肩ごしに

山崎 努

文藝春秋

「俳優」の肩ごしに　目次

「俳優」の肩ごしに

山崎の努

子供のころはヤセっぽちでよく病院通いをしていた。特別どこが悪いということではなかった（らしい）が、八歳まではひとりっ児だったので過保護に育てられたのだろう。

当時、同い歳のいとこが近くに住んでいて、こちらはよく太った元気一杯の健康優良児。ヤセ、デブの凸凹コンビだった。今でも往き来している。

彼（「オーちゃん」と呼んでいた）は抜群に記憶力がよい。昔のことを実によく憶えている。比べて僕は自分でもあきれるほど物忘れがひどい。脳の出来具合が違うのだろうがそれは措《お》くとして、この忘れっぽさは、十一歳で父を亡くしてから苦い貧乏生活を味わったことも影響しているのかもしれない。中学から俳優になるまでの金欠暮らしはあまり思い出したくない。できれば消しゴムで白紙にしてしまいたいという気持ちがどこかにあるのか。過去はどんどん捨てて、今日をどう過ごすか、ただそれだけといった習慣がついてしまったように思うのだが。

そういうわけで今回のこの回想記はオーちゃんの力に負うところが大きい。

僕はこの二十年、日記をつけている。初めに起きた時間を例えば「Ａ８醒」と書く。醒にはその日がきのうと繋がらない新しい日、ゼロから始まる日、そんな覚悟、願いを漠然と込めている。朝、起きたら虫になっていた、そんな小説があったが、過去と今をぶった切ってリセットしたい気分。

とはいえ日常は続いている。それまでの借金を踏み倒すわけにはいかない。けれど前日までの借りがあるならそれはそれでよい。そういう条件で今日生まれたのだとすればいい。負債は先代が残したものとして引き継がせて頂く。

大体、僕がこの浮き世に産み落とされたときにすでにたくさんのカセがハメられていたのだ。言わせてもらえば、僕がこんな面相でこんな家に生まれたのは僕の意志ではない。結局、与えられた諸々の条件、その枠のなかでやっていくしかないのである。枠に不満も満足もない。当たり前のこととして受け入れるだけ。毎日をそんなふうに迎えていきたいと思う。

俳優も役という決められた枠のなかで生きる。むろん演技者によって人物の様は大きく変わるし、シェイクスピアや山田太一が創り上げた人物、そのフレームの内で生きる。はみ出す部分も当然あるが、フレームを無視してはドラマの世界は成立しない。

三十七歳で劇団を辞めて一人で仕事をするようになった。苦しいときもあったが、総じて勝手気ままにやれて後悔はない。ただ困ったのは、演目、ことに自分への配役。劇場の支配人や演出家に「さあ、何をやろうか。マクベス？　リア？……」と訊かれる。答えられない。

俳優を生業《なりわい》とするようになって六十年余りになるが、これまで自分の役を自分で選んだことは一度もない。ひそかにやってみたいと憧れているキャラクターもないことはないはずなのだが、それを口にするのは僕のルールに反するのである。役は自分でチョイスするものではない。誰か、プロデューサーでも演出家でもいいが、とにかく他人が決定してくれなければならない。突然天から降ってくるように与えられるべきなのだ。実人生で山﨑という家の努くんとして出現してきたように。

実人生と俳優業の原理は似ている。そこがおもしろい。

川の匂い

身の上話は夢の話と似ている。これは誰もが経験済みだろうが、夢で見た出来事を他人に語って受けたためしがない。当然のことで、夢のストーリーの核心が極めて個人的な質のものだからだ。やめときゃよかったといつも悔やむことになる。打ち明け話、自伝の類いにもその危険があるように思う。ちょっとびびる。そう、だからこの作文も、自分から半歩離れ、「山崎の努」の肩ごしにその行状、光景を眺め、綴《つづ》るように心掛けよう。

昭和十一年十二月二日、千葉県松戸に生まれた。二・二六、お定さんのちょん切り事件があった年だが、東京の川向こうの田舎町に住む庶民にはそんな騒ぎも文字通り対岸のはなしで、おおかたの人はのんびりゆったり暮らしていたはずだ。

父は友禅染の職人だった。友禅といえば京都、なんとなく粋《いき》な感じだが、父が働いていたのは千葉の松戸の染物工場である。申しわけないけれど、ちょっとヤボったい。冴えない。手仕事が好きで凝《こ》り屋だったせいか腕は悪くなく、工場のエースだったらしい。しかしこれは伯父や伯母経由の話でどうも身びいきのような気もする。まあ染物は本当に好きで熱中していたようである。

わが家は小ぢんまりした二階建て。借家だったが、下は座敷と板の間、台所、そして二階にひと間、親子三人が暮らすには充分な広さで、いい家だった。数年後、僕ら母子は父を亡くし、思い出したくもない貧乏を十年ほど味わうことになるのだが、転々と住まいが変わるたびに僕はこの質素な家のたたずまいを懐かしく思い浮かべた。あの幼いころのふつうの平穏が欲しかった。

幼稚園に入る前後、よく父の弁当を届けに行った。父の工場までは歩いて五、六分。

丸太を二本立てただけの家の小さな門を出ると狭い私道がまっすぐ伸びている。コークスの燃えがらをまいた路地（あのころの一般家庭の燃料は主にコークスと練炭だった）を進み、角の豆腐屋（ここのおじさんがウチの家主）の前を通り真っすぐ行くと舗装された水戸街道に出る。当時はまだ馬や牛の荷車の時代で自動車などめったに通らない。

渡ってまた細い道に入ると、ぷーんと川の匂いがしてくる。青くさい、なんともいえないいい匂い。ここまで来るともう「おとうちゃん」は近い。父の工場は近い。左側は工場の黒い板塀、正面に雑草の生えた川の堤防が見える。染物の水洗いをしていたのだから、きれいな川だった。この川の上流に父の生家があった。思えば父も僕も川の傍《そば》で生まれ育ったわけである。そして僕は今も多摩川に歩いて十五分のところに住んでいる。もう五十数年になる。川から離れられない。もしかすると郷里を、郷里の匂いを求めているのかもしれない。今の川は昔ほど匂わなくなっているのだが。

父の肩ごしに

いちばん古い記憶を探ってみる。

橋のたもとで見た狂人、これかもしれない。たぶん三、四歳くらいのときのことではないかと思う。

父は散歩が好きだった。僕をおぶって家を出、川べりを歩き、川上にある祖父や伯父の住む実家まで行き、戻ってくる。これが定番のコース。

途中、コンクリートの橋があり、そこに狂人が一人住みついていた。父はその男と友だちのように付き合っていて、通るたびに橋の下から呼び出し、長話をする。おとうちゃんの肩ごしに見る中年男は、怖かった。不気味だった。早く話をやめて欲しいのだが、ふだんは病的なほど無口な父がボソボソと延々喋り続ける。相手はときどき、ギャー、と叫んで笑い転げたり――。今思えば性的な軽口もあったのか。

男は物乞いで貰った浴衣などを重ね着していた。女物の赤い襦袢《じゅばん》がちらちら見えた。

あるとき、僕の靴が脱げて橋の小さな排水口から川に落ちてしまったことがある。狂人が跳ぶように駆け下り、流れていく靴を拾ってきてくれた。

しかし、あれは、あの狂人のエピソードは本当にあった事だろうか。この類いの記憶にはあとから脚色や創作をしているものがよくあるのだ。下意識でのことだから判断がつかない。

二十年ほど前、雑誌のグラビアの仕事で幼い孫とのツーショットを撮ったことがある（これも川岸、多摩川べりだった）。抱き上げた孫娘の靴が写真の中央に写っている。小さい小さい靴。これならあの排水口からも落ちる、と思った。孫は三歳、やはりあの橋の記憶は事実だったんだと納得（それにしても自分はずいぶんあの橋のたもとの狂人にこだわっているのだなあと驚いたのだが）。

そして、それ以前に僕は排水口の大きさを確認しているのだ。

いつのことか忘れた（みんな忘れてしまう）。だからこれもあるときとする。大人になってから、おそらく二十代だったはずだが、郷里の本家を訪ね、橋の話になった。すると「あの橋、今、壊してるよ」と伯父が言う。新しく造りかえるらしい。あわてて工事の現場に駆けつけると、なんと排水口の部分はまだ残っていた。ぎりぎりセーフだった。

穴の形も寸法も記憶とどんぴしゃ、ぴったり。穴、靴、狂人に関する出来事が三、四歳のとき実際にあったものだと立証成立、すっきりしたのである。

続きはまだある。というかこれがこの件の肝心なところ。

『必殺仕置人』というテレビ映画に出演した際のこと。僕の役は骨つぎの腕もある生臭坊主。悪人の背骨を外したりしてやっつける。この坊主が赤い襦袢を着ている。衣裳を選んだのは僕。これは橋のたもとの狂人のイメージではないかと気付いたのはだいぶ経ってからのことだ。少し大袈裟に理由づけすれば、あの狂人が努くんの俳優業の原点ではないか。あれが他人を異物として意識し、その迫力、怖さを感じた初めての体験だったのではないか。

というわけで、この事柄は山崎努にとって特別な意味がある。念のため、幼いころの記憶発掘の助っ人オーちゃんに訊いてみた。「うん、ネモト橋ね、いたいた、コクブのサブかな。カニトメという四本指のやつもいたな」。

女先生

小学校（当時は国民学校と言っていた。嫌な呼称だ）一年の担任はウネモト先生。はたち前後の女性。目が大きくて色白の肌がつやつやしたびっくりするような美女だった。女優でいえば、——高峰秀子、原節子、賀来千香子、いやどれも少しずつ違うがそんな雰囲気。静かな声で話す大人しい人だが、気に入った生徒数人を引き連れて写真館に行き記念写真を撮ったりする大胆さもあった。僕もそのペットの一人に加えてもらっていた。

進級して二年生のとき、そのマドンナ先生が突然わが家に引っ越してきて仰天。なぜ担任だった女先生が同居することになったのか。父が徴兵されていなくなり、母が心細かったのか、あるいは経済的な理由か。よくわからない。

父が出征したのは僕が小学一年のときだったと思う。国民服に戦闘帽白手袋の父、傍らに打ち沈んだ母、祖父、その前で日の丸の小旗を持ってうれしそうに笑っているツトムくんの写真がある。彼は事態をまったく理解していなかったようだ。

過去の自分はもう自分ではない。別人格である。そんな感じ。二人でちょっと話してみたい気がする。「君、ごきげんだね。どうして？」「おとうちゃんが兵たいさんになったから。オセキハンおいしかった。オセキハンにゴマシオすきなんだ」「優しくてきれいな先生と一緒に住むようになってよかったね」「うん、うれしい」「どんなふうに？」「……」。

女先生は二階の座敷で寝起きする。食事は残念ながら別々。台所は共有。薪《まき》ストーブ、七輪、流し、コークス、練炭、糠漬《ぬかづけ》の壺《つぼ》、冷蔵庫はない。濃いむらさきのつやつやしたナスの漬けものが旨い。牛、豚肉は臭くて食べられない。火鉢で焼いて醤油をつけたカキモチが大好物。薪を燃やすのが得意で、ストーブの係はよく受けもった。新聞紙を裂いて丸め、細く割った木片で囲い、太い木を載せマッチで点火。火箸で調節する。あるときその焼け火箸が靴下に挟まってしまい、右太ももの裏をやけどした。やけどの跡は五円玉の大きさで今も残っている。ツトム少年と僕を繋ぐ数少ない証拠である。

門からまっすぐ伸びている路地を先生が歩いて行く後ろ姿。これは今の僕にとっても格別貴重な情景だ。

やや薄暗い画面。だからたぶん夕暮れどき。夕飯の買い物に行くのだろうか。背すじの伸びた正しい姿勢、自然体。歩調はいくぶん早いが急ぎ足というほどでもない。スカートが揺れている。

ホームスパン風の厚手の生地の、ベージュ色のスカートが、左右に、リズミカルに揺れている。これが異性を意識した最初の体験（だと思う）。もちろん七歳のツトムくんがあのときめざめたわけではない。数年後の別のツトムが記憶の画像をリピートし感じたことである（はずだ）。

記憶とは本当にやっかいなもので、思い出すたびに新しいものがつけ加わる。変質もする。美化されるものもあれば汚されるものもある。

ウネモト先生。今もご存命でこの一文を読んで下さることを願っているが、さて、どんな反応をされるだろうか。おそらくスカートの件《くだ》りは「あらあら」と苦笑で受け流して下さるだろうと想像している。ご不快であったら、どうかお許し頂きたい。

このお方、この女性がいわゆる初恋の人だったのだ。これは今回のこの回想作文で得た発見である。こうして綴っていると、大きなこと、どうでもいいようなこと、様々なことがずるずると引き出されてくる。先生の姓だけでなくお名前も思い出した。しかも漢字で。従って当然これも何年か後に加えたものだ。

B29が飛来するようになって先生は郷里に帰ることになる。高空をゆっくり移動する爆撃機は川のなかのメダカのような半透明のきれいな生き物に見えた。

空襲警報

戦争が激しくなって、われわれは母の郷里に疎開することになる。同居していたウネモト先生も退職して故郷の広島に帰った。マドンナとの甘い生活も数カ月で終わった。

先生とのエピソードには後日談がある。約二十年後、テレビのご対面番組で努くんが先生を指名し、テレビ局が探しだしてきて再会できたのだ。放送終了後、わが家にも来て下さった。母と手を握り合い、お互いじっと正視、無言で涙を流していた。先生はもう大きなお子さんをお持ちの逞《たくま》しいお母さんになっていた。あの色白の肌が少し日焼けしている。優しい口調、物ごしは変わっていなかった。

懐かしそうに、長い間、教え子を見ていた。強い目で。少し離れて。

それにしても、どうしてわが家は疎開することにしたのか。松戸は大規模な空襲もなかったし、周囲の人たちも特にあわてた様子もなくゆったり暮らしていた。近くに住むいとこのオーちゃん（前述した幼少期の記憶発掘の助っ人）一家も動かなかったのに。

玄関の上がり框《かまち》にどっしりと坐ったおじいちゃんの姿を思い出す。父方の祖父で、大きな目、濃い眉、大柄ででっぷり太った上野の西郷さんのような容姿。目元はいつも柔らかだが、あまり表情を変えない人。

おじいちゃんはときどき訪ねてくる。でも絶対に座敷には上がらない。軍にとられた息子の留守宅に上がりこむことを自ら禁としていたのかと今にして気付く。終始背中を向けたままで孫の僕の顔も見ない。母が配給のお酒を湯飲み茶碗に注いで出す。黙ってぐいっとぐいっと飲み干し、懐から小さな紙袋を出し、そっと傍らに置き、立ち去る。お小遣いだったのだろう。それが僕らの家計の一部になっていたのだと思う。疎開をしたのは、食べていけなくなったからかもしれない。

そして母は生後数カ月の妹を抱えていた。

後ろ姿、シルエットの祖父。この人は定職を持たなかった。土建屋の曾祖父が事業に失敗して破産、その大きな負債を背負わされ身動きがとれなかったようだ。大工の腹掛け姿をよく見かけた憶えがある。土木、建築の手伝いなどして家族を養ってきたのだろう。いつも悠然、最後に屋根から落ちて死んだ。

疎開先は同じ千葉県の在、柏という町から五キロほど入った山の中の村である。母の遠縁らしきおじさんが牛に荷車を引かせてやってきた。「灯火管制」「空襲警報」の時期だからトラックはむりとしても牛車とは。農耕馬も軍に取られ不足していたのか。

空襲警報で思い出したことがある。わが家の玄関から門までの間に猫の額ほどの前庭があった。そこに母子が身を縮めてやっと入れるくらいの小さな防空壕があり、ラジオの警報があると、まずゲートル（毛布で作った細い帯）を巻き、そののち壕に避難する段取りになっていた。まずゲートルにズボンの裾を折り込み、足首から膝まで少しずつずらして巻き上げていく。三巻目と四巻目を斜めに折る。その加減が難しくてうまくいかない。やり直しやり直しで時間がかかる。そのうちに「警報解除」となる。ツトムくんにとって空襲はただゲートルを巻くことに専念するだけの出来事であったらしい。

同年輩の友人（中学の同級生でキューピーのように目のパッチリした美男。彼もオーちゃん同様、昔のことをよく憶えている。この回想記の助っ人の一人）に聞いた話だが、せっかく掘った防空壕に水が溜まり、一度も使わなかった家もあったという。そこに大量の蛙が棲みつき、それを捕まえて、焼いて喰った子もいたとか。

で、疎開。

黒い家

今思えば、あの疎開、引っ越しは夜逃げのようなものだった。

荷車に積まれた家財道具は山のようになり、僕はその頂上に坐った。月がきれいで肌寒かったから秋だったと思う。高いところから見る沿道の景色は悪くなかったが、どこへ連れて行かれるのか、心細くもあった。

それにしてもどうして夜中に移動したのか。牛車に満載のタンス、布団、鍋、釜、その上に乗っている避難民のような母子。たしかに昼日中では恥ずかしかったのだろう。

記憶発掘助っ人のオーちゃん情報によれば（彼は今も松戸の近辺に住んでい

る）、現在の松戸・柏間は直線の自動車道路が走っているがそれでも十六キロあるという。あのころの街道はかなり蛇行していたからおそらく二十キロはあったはず。そこからまた五キロ在に入るのだから、けっこうな距離である。のったりのったり牛が行く。どのくらい時間がかかったのか、大きな明るいお月さまと、それに照らされた寒々とした野原しか憶えていない。たぶんツトムくんは眠ってしまったのだな。

落ち着き先は母の親類の蔵。瓦ぶき白壁の、農家にしては立派な造りのものだった。「風早《かざはや》」という村（後になってずいぶんカッコいい地名だと気付いた）で、ここの小学校、じゃない国民学校に通った。

風早での日々は特に快でも不快でもなかった。わら草履にもすぐに馴れたし、わらをなうことも楽しかった。小鳥を捕る罠も作った。枝をしならせ、餌を撒き、ちょっとでも枝に触れるとストッパーが外れて鳥を打つという仕掛けを工夫した。収獲はなかったけれど。田舎なまりが気に入ってすぐに覚えた。なんとかでよう、なんとかだんべえとか、楽しかった。

食事。主食は定番のさつま芋。水っぽくてまずかった。苗をとったあとの種芋を何度か食べさせられたことがある。これは最悪。色も形もまさに芋なのだが、中は繊維と水分だけ。全くの無味。ひとをバカにするな、と心底腹が立った。その後の渡世で気に食わない人間と何度か出会ったが、そのたびに「こいつ種芋みたいな奴だ」と思ったものだ。農村で米や野菜は豊富にあったはずだがそれを買うお金がなかったか。

通学路の途中に粘土質の急な窪地がある。じくじくと水が湧いていて滑りやすい。草履を踏みしめ、ゆっくり渡る。

急な傾斜を登った左手に小さな農家がある。母屋に隣接して馬小屋のある暗い黒い陰気な家。人の気配もなく廃屋のようだが、いつも犬がいるから誰か住んでいるのかもしれない。この犬がひどく獰猛《どうもう》なやつでいつも僕に襲いかかってくる。怖かった。本当に怖かった。路《みち》はそれしかなく、どうしてもその家の前を通らなければならない。危うく足を噛まれそうになったこともある。

その陰気な家は実は母の生家であった。周りの近親の人がそれとなく教えてくれた。母は何も言わなかった。

母は幼いころに、両親を亡くした。兄が一人いて、兄妹二人であの黒い家で暮らしていた時期があったらしい。その兄、つまり僕の伯父はちょっと異相で、母はふつうのおかめ顔。そんなことを含め、どんな家系なのか調べてみたいと思ったときもあったが、もう今は気力がない。母親が話したくなかったのであれば、そのままにしておこう。陰気な家があった、それだけでよし。

あの天敵だった犬は、実はツトムくんにじゃれついていたとも考えられる。

ハダシの疾走

終戦。

父が応召した戦地は「チシマ」と聞かされていた。千島列島のどの島だったのかわからないが、とにかく無事に帰ってきた。二年半後に急死するのだから無事ではなくかなり衰弱していたのだろうが、ともかく復員してきた。

そのときのツトム（八歳）のリアクションが今でも忘れられない。ざんきにたえない。

われわれの疎開先は、村の少し奥まったところにあった。父は県道の傍らにある別の親戚の家にたどり着き、そこから伝令が来た。

「おめんとこの、おとっつぁん、けえってきたどー」という昂《たかぶ》った叫び声を聞いて、ツトムは家の中からハダシでとび出した。細い山道にいが栗が落ちている。いつもおそるおそる通る湿った粘土の窪地も一気に駆け抜ける。おとうちゃんのいる家までは走って五分くらいだったろうか。——走りながらツトムは、これウソだな、おれ、おしばいしてるな、と思う。母や周りの人たちは父が帰ったことに僕が喜ぶと期待しているはずだ。それに応えなければいけないと走っている——。

到着。入り口の引き戸を力一杯開ける。大きなリュックを横に、上がり框《かまち》でお茶をふるまわれていた父がゆっくり目を上げ、僕を見た。ふつうの目だった。僕のとっさの演技プランはそこまでであった。棒立ち。短い見合いがあって、父はまたその家の主と話を続ける。

おとうちゃんは完全に、僕が演技していることを見抜いていたはずだ。

そこから先、どんな展開になったのか、記憶はない。

子供はよく演技をする。この一件もありふれたことかもしれない。でも僕は、折にふれてこの出来事を思い出すたびに、肝心なときにひどい裏切りをしてしまったなと、後ろめたい気持ちになるのだ。

ここまで書いて、ふと思う。——もしかしたら、あの演技は成立していたのではないか。あの姑息なウソしばいを父は見抜いていなかったのではないか。

薄暗い土間。父がゆっくり僕を見る。父の無表情の目。二秒ほどの見合い。そのまま静かに大人同士の会話に戻る。父の立場になってその挙動をなぞってみる。——派手な激しい音とともに戸が開く。目を上げる。久しぶりに見る息子が立っている。元気そうだ。まぁあとでゆっくり。主との話に戻ろう——。

そうか。どうも、おとうちゃんはツトムくんのウソには気付いていなかったようである。元来が無口で感情を表に出さない男だ。あの場で息子の顔を見てにっこりしたりするはずがない。そう、あの茶番はセーフだったのだ。バレていなかった。少なくとも父に不快な思いをさせずに済んだわけだ。これはこの歳になっての大発見である。

そういうわけで、このハダシの全力疾走事件は僕のなかでひとつのエポックと言える。エポックが大袈裟なら、区切り。

自分を観察するもう一人の自分、つまり自意識が切実なものとして現れた。このあたりから幼いツトムくんと今の僕の関係がややこしくなってくる。はっきりと彼を切りはなして扱いたいのだが、それがちょっと難しい。なんとか距離を探りながら進んでいこう。ともあれ、あのハダシの疾走は突然の事件だった。

父の死

父親の戦場からの生還をハダシの全力疾走で迎えたツトムくん。

あの演技は見事だった。当のおとうちゃんにも見抜かれていなかったようだから、まさに完璧。僕は俳優になってから、時折あのパフォーマンスを思い出す。

栗のいがの落ちている山道もぬかるんだ窪地もハダシで一気に駆け抜ける。スポーツ選手がとんでもないファインプレーをしたとき、ゾーンに入った、と言う。特別な集中状態のなかではふだんできないこともクリアしてしまうものらしい。ハダシの疾走はたしかにゾーンのなかのプレーだった。ちょっと苦味は残ったけれど。

そして、あれが自分の演技の原点かなと思うことがある。習得したなにがしかの芸を披露するよりも、ハダシで劇の状況に入れたときの快感を、僕は今も大切にしている。

靴を履けば安全である。スパイクが付いていれば滑ることもなくもっと安全、速くも走れる。しかしそれではハダシでとび出す迫力はない。準備している。安全走行である。危うさ、スリルが演技の命なのだ。危険を無視したとき、「あの演技」は成立した。

スリリングな演技で思い出すのは、ピーター・ブルック演出のシェイクスピア劇『夏の夜の夢』。芝居全体がサーカス風の仕立てになっていて、俳優たちが皿まわしをする場面がある。高い台の上から皿を放り、それを下にいる俳優が細い棒で受ける。キャッチできなければ皿は床に落ちくだけ散る。僕はこの公演を何度か観たが、成功、失敗が半々。そしてどちらの場合も感動した。現実の危うさを見せつけられ、それに挑戦する演技者の姿に打たれた。

自信に満ちた安全な予定調和の演技はペケ。守ってはいけない、危なっかしく演じること、不安定な場に身を置くこと。これが僕の演技の要諦。

というわけで、ツトムくんにとっても、その後の僕にとっても、終戦の秋のおとうちゃんの帰還は大きな出来事だったのだろう。

それからわずか二年半後に父は急死、大人たちは「のういっけつ」と言っていた。正確な病名は知らない。となりの寝床で突然痙攣《けいれん》を起こし、一、二分で静かになった。初めて人の死に直面、あっけなかった。母の取り乱す様が不快だった。友禅職人ウノは三十七歳で亡くなった。父の名は宇之助。明治四十四年生まれ。ウノ、ウノさん、ウノにいちゃん、おとうちゃんと呼ばれ、彼は長い間、僕のヒーローだった。今は友人のような存在。多趣味な男で、カメラ、釣り、撞球、将棋、草野球、日曜大工、カメラは現像も自分でした。釣りは夜釣りが好きらしかった。まあ、すべて素人芸であったことは間違いない。復員してきてから、何を思ったのか、ベニヤ板で仏壇を作った。これはなかなかの出来で、最近まで妹の家で使っていた。でもまっ先に入ったのが自分。手回しがいいというか、ただ苦笑のみ。

思えばあの父と暮らした戦後の二年半はボーナスだったのかもしれない。戦死するはずの父が僕のために戻ってきて短い間付き合ってくれた、そんな気がする。

際立った思い出はない。キャッチボールをした。僕をキャッチャーにして速い球をどんどん投げてきた。一球も捕れない。ボールはバックネット代わりの板塀に激しく当たり大きな音ではね返る。ウノは楽しそうだった。一度だけ叩かれたことがある。何があったのか忘れたが、べそをかいて帰ったとき頭をべしっとやられた。お互い無言。二人で庭に池を造った。どの情景もウノは無言。無口な男だった。

メジロ

話が前後するが、父が復員してすぐ、われわれは疎開先から柏という町に引っ越した。染物職人が山の中にいても身動きできない。もとの松戸に戻りたいけれど住宅難で不可能。とりあえず近くの町に出て仕事を始めようということだったらしい。おとうちゃんは細長い奇妙な作業場を一人でこつこつ建て、それが出来たところで急死した。無念だったと思う。

突然の父の死は、ボディブローのようにあとになって効いてくるのだが、当時十一歳のツトムくんにどんな悲しみがあったのか、わからない。家計を助ける新聞配達などのアルバイトもさして苦にせず元気に飛び回っていた。

そのころ、小学五年から六年、同級生に親友が一人いて、下校してから暗くなるまで毎日のように遊んでいた。彼は札つきの不良少年で、いつも白いマフラーに半長靴《はんちょうか》、「トッコウタイ（特別攻撃隊）」を気取っていたのだろう。靴の中にはいつもナイフを隠していた。本当に切りつけかねない感じだったから、クラスの皆は怖がって避《さ》ける。そして彼も登校しなくなる。

あいつが、全然勇ましくない僕を、というかツトムくんを受け入れたのはなぜだろう。たぶん小鳥の繋がりだ。

メジロ。お互いメジロを飼っていた。鳥かごや餌の工夫の話になるともうとまらない。町外れの山にメジロがいる、捕りにいこうと「トッコウ」くんが言う。もっともっと増やしたい、たくさん飼いたいのだ。

山を少し登った斜面にカスミ網を張る。そして下から藪《やぶ》を棒で叩いて追い上げる。網はトッコウがどこからか仕入れてきた。夕暮れどきがチャンス。日が落ちて辺りがよく見えなくなるまで二人で山にいた。楽しかった。どれくらい収獲があったのか、獲物をどうしたのか、もう憶えていない。ただただ楽しかった。それだけ。

　そんなある日、足元を探りながらの帰途、背後に妙な気配を感じ何気なくふり返った。広い沼地の表面すれすれに、まんまるい大きな光の玉が見えた。直径が、そう、五階建てのビルくらいあったろうか。左手の丘の陰から現れ、ゆっくり右に動いている。「あー!」。トッコウも「ギャー!」。フリーズ。玉はゆっくり消えた。同時にダッシュ、カスミ網も放り捨て必死で逃げた。後ろになるのが怖い。田んぼの畦道《あぜみち》だったから一人しか通れない。バシャバシャと水に入って彼を追い抜く。彼がまた先に出る。抜きつ抜かれつの繰り返し。

　あれはなんだったんだろう。そのころはまだＵＦＯという言葉はなかったが、もしかしたら。

　小学校を卒業してから彼と会うことがなくなった。東京の学校に入ったとか親戚に預けられたとかいう噂を聞いた気がする。そして間もなくトッコウは自殺した。でも、考えてみればこれも人づてで知ったのだと思う。お葬式やお線香をあげた記憶もない。消息を調べる手だてもなくはないが、やめておく。これは封印しておこう。

　おとうちゃんと友だちの死が続いた。

今住んでいる家の庭にもメジロがよく来る。ときどきトッコウくんと山を駆け回った日々を思い出す。

新聞、牛乳、ラッキョウ

朝、まだ暗いときに起きてアルバイトに行く。学校で勉強、放課後は野球をしたりして夕暮れまで遊ぶ。少年雑誌の樺島勝一や小松崎茂のペン画が好きでよく真似をして描いた。

新聞配達。

販売店の板の間にあぐらをかき、各紙を横一列等間隔に山積みする。あのころはまだ、朝日、毎日、読売、東京の四紙だけ。配るコースを思い浮かべながら一部ずつ取り、ひざ元に重ねていく。朝日、読売、読売、毎日、東京……。この速度を競う。朝日、読売の二部をとっている家もある。その場合、朝日のなかに読売を差し入れる。この際、パチン！　と威勢のいい音を響かせるのが技である。出来上がった束を持ち上げ、柔らかく床に打ちつけ、整える。ザックザックと歯切れのいい音。これも技。

裏表をひっくり返し、それをズックの肩かけに挟み、出発、走り出す。田舎町だからポストなど洒落たものはあまりない。たいがいは玄関戸のすき間からすべり込ます。新聞の角を戸の間にあてがい、下から上へ一挙動の技。

ときどき新聞を軽く横に折り、親指、人差し指、中指でしごき、ピーッと鋭く鳴らす。これはなんの意味もない遊びの技。労働に弾みをつける。

猛犬放し飼いのところは塀の外から小さく折ってぶん投げる。うまくひさしのある戸口に落ちればいいが、そうでない場合は、雨の日にはびしょ濡れで読めなくなる。それは仕方ない。犬は嫌いなのだ。

インクの濃さ、活字の形、紙質でどの新聞か見分けることもできた。三センチ角くらいの切れ端があれば一見してわかる。読売は紙がしっとりしていて少しグレーっぽく活字が濃い。毎日はベージュですべすべ、字は少し細い。朝日はその中間。これも役に立たない技ではあるが。

配り終えた帰途の朝日がまぶしくて不快だった。腹も減ってるし。レンガ造りの古風で上品な病院の前を通る。そこには深窓の美女がいてトーキョーの名門校に行っているらしい。一度その姿を見かけたことがあるような気がするが、妄想かもしれない。

牛乳配達。

戦後まもないあのころはどこも皆貧乏で、バイト少年も多かった。お互い情報を交換して、少しでも実入りの多い仕事を転々とした。新聞の次は牛乳配達。自転車の荷台に大きな木箱、ハンドルには左右から布袋をひっかける。どれにもいっぱい牛乳瓶がつまっている。これが配達のスタイル。当時はまだ厚いガラスの瓶で、ずいぶん重かった。軽量級のツトムくんは何度か転倒した。牛乳が地面に拡がり、辺りがまっ白になって、半べそ。でもここのボスは優しい人で、黙って許してくれた、ように思う。でっぷり太った大男。きれい好きで、いつもコンクリートの床をブラシで水洗いしている。

彼の弁当が実に旨《うま》そう。アルミのドカ弁に輝く銀シャリが押し鮨のようにぎっしりびっしり詰まっている。おかずはラッキョウ二、三粒だけ。それはとなりの食料品店で買ってくる。白い飯をざっくり口いっぱいにほおばり、そしてラッキョウを齧《かじ》る。ちょびっとだけ、カリッ。

現在の僕の食事献立定番は、ハムエッグをごはんに載せ、醬油を少したらす（黄身を中央に、白身とハムを細かく切って周りに配置する）。これは朝食。晩飯には納豆（大根おろしか山芋か豆腐を混ぜる）と鯵《あじ》の開き。ラッキョウ飯をやってみたくなった。

納豆、勝手口

この回想記は思いつくまま即興風に書いている。用意したメモカードも少しはあるのだが、それを並べて構成を考えることはしていない。自然にそうなってしまった。

未だ「ツトムくん」のアルバイト少年時代のところでうろうろしている。これからバランスよくエンディングまで運べるのか、いささか不安である。まあ成り行きにまかせよう。

考えてみると、人は生涯、不安を抱えて過ごす生きものなのだ。ひげが生えはじめる青春期はホルモンに振りまわされ、なにがなんだかわからない。恋愛、結婚、子育て、すべて手探り。仕事も含め無我夢中。やがて老いが来て、これも対応が難しい。迷っているうちに最終最大の課題、死がいらっしゃる。作文も探り探りでいこう。

アルバイトの話を続ける。牛乳のあとは納豆。納豆売り。

新聞、牛乳と違ってこれは歩合制、収入は売り上げしだい。販元の主は穏やかな優しいおばあさんだった。小柄で上品、整った顔立ち、いつも和服で、ちょっと背中が曲がっていたか。

納豆は経木《きょうぎ》で三角に包んである。今の一人前パックの倍くらいの量があった。それを自転車の荷台にくくりつけた竹かごに放り込み、かごの角に練り辛子を入れた茶筒を挟む。辛子はわれわれ売り子が各自、粉を溶いて作る。

何個仕入れるか、これがやっかい。おばあさんが笑顔で、

「今日はいくつ？」

「……二十」

「……大丈夫？」

「はい」

売れるときはそれくらい、いけるのである。

しかし、全くゼロ、ボウズの日もある。焦る。となり町まで足を延ばしたこともある。それでも売れない（いとこのオーちゃんは「ツトムさん、松戸まで来たことあるよ」と言うが、それは間違い。そんな遠くまでは行かない。学校に遅刻してしまう）。

苦肉の策を思いつく。よく買ってくれるお宅を集中攻撃するのだ。「なっとー、なっとー」と叫び、家の周りを何度も回ってねばる。敵は根負けして、お財布を持って出てくる。若い奥さんが寝不足の目をしょぼしょぼさせている。今思えばいろいろ事情があったのだろう。ツトムくんはまだその辺りのことはわからない。経木の隅にたっぷり、倍くらいの辛子をぬりつける。サービスのつもり。

そうした大人の暮らしのあれこれについてはまったく理解していなかったけれど、でもふつうの子供とは少し違った視点で世間を見るようになったか、と思う。

ひとつには、人を裏側からも見る、というクセがそれなりについた。

牛乳屋のラッキョウさんは、毎月の集金も任せてくれていた。集金は当然勝手口での作業になる。お金のやりとり、領収書、捺印。その間に家の様子が目に入る。裏口からの情景は、生活の臭いがあって生々しかった。他人の目にふれない部分、様々な日常、様々な人を見た。隠している部分を覗き見するのは悪趣味だが、正直おもしろい。人の裏を探る。実はこれ、俳優の役作りに似ている。

納豆はあまり売れなかったが、「なっとーやさん!」と呼びとめてくれる声、あの瞬間のうれしさは特別、格別。

学校の保健担当おばさん先生が、納豆は栄養があるからいっぱい食べて元気をつけなさいと励ましてくれたが、家で商品を食べたことはなかった。贅沢品だったのかもしれない。

コッペパン

中学生。

ホルモンがあばれ出し、ツトムくんにも好きな女の子ができた。同学年だがクラスが違う。声をかける勇気はない。悶々《もんもん》の日々。あのもやもやは相手に通じていたのだろうか。思い返すと改めて甘い気持ちになる。

この年ごろの少年はちょっと年上のお兄ちゃんにも憧れるようで、ツトムのアイドルは若い数学の先生だった。

まだ戦後四、五年、教師も不足していて、かき集めといったら悪いが、ずいぶんおもしろい、ユニークな人がいた。「北極は寒くて南極はすごく暑い」と教える人もいて、生徒の方が、おいおい大丈夫か、と心配していたという。これは今も交友のある同級生、前述したパッチリくんから聞いた話。僕は記憶にない。

そんななかで数学先生は颯爽《さっそう》としていた。よれよれの濃紺のスーツ、同色のネクタイ。もじゃもじゃの髪に黒縁のメガネ。後年、作家の安部公房さんにお会いしてびっくりした。そっくりなのだ。ちょっと面倒くさそうな喋り方も似ているのである。声も。

つまらなそうな顔をして教室に入ってくる。教科書は指先でつまんで一応持っている。ぺらぺらめくって「これはつまらない、これもダメ」ととばし、自分の気に入った問題を「うん、これ」、黒板に向かう。なぐり書きで勢いよく方程式を解いてみせ、ぼきぼき折れて短くなった白墨をぽいと捨てる。髪をかき上げる。

何ともカッコいいのだ。

「コウボウ」先生は昼飯を食べない。校庭の木かげで一人、本を読んでいる。

「先生、おひるは？」

と訊く。本に目を落としたまま、

「食べない」

ちらっと僕を見、

「金がないんだ」

と呟き、読書に戻る。

これまたカッコいい。カッコいいけど心配でもある。

ある日ツトムくんは、学校の前の雑貨屋でコッペパンを買った。奮発してイチゴジャムをぬってもらった。コウボウ先生に食べてもらおうと思ったのだ。空腹の辛さはよくわかっている。パン十円。ジャム五円（この値段はパッチリに電話して確認した。「あのジャムはイチゴじゃないよ。リンゴに色をつけてたんだ。厚くぬると十円とられた」そうだ）。バイトで稼いだ十五円。

下校時、パンを新聞紙で包んで待ち伏せ
「これ食べて下さい」

と差し出した。先生はしばらく立ちすくみ、真っ赤な顔になった。

いきなり、駅の方向に向かって逃げ出した。追いかける。先生はどんどん早足になり駈け出す。駅まで十分くらい。先生、改札口を通り抜けホームに入ってしまう。

追走はそこまで。ホームを覗いても人影はない。物かげに隠れ、息をひそめていたのだろう。

握りしめていたパンはぐしゃぐしゃに潰れている。口惜しいような情けないような。ツトムくんは大事なパンをゴミ箱に捨てた。ぶち込んだ。

実はコウボウ数学先生の昼食抜きは貧乏を気取ったポーズだったのだ。あの年ごろの青年がやりそうなことだ。当時彼ははたち前後だったはず（のちに努くんも俳優養成所時代、同じようなことをやる）。以上、僕としてはあまり思い出したくない恥ずかしい話だが、これは野暮で幼稚なツトムくんのやったこと。

さて、いきなり少年にパンを押しつけられたあの状況、自分ならどう対応するか。ありがとうと受け取る？「君が食べなさい」と拒否する？ それとも……。けっこう難しい。

身辺の友人の選択。半分分けしてその場で一緒に食べる。

うーん、これもちょっとキザで勇気が要る。やはり青年逃げ出す、少年追いかけるが正解か。

ぶらぶらだらだら

何となく、都立上野高校夜間部に入った。中卒のまま就職するのも気が進まなかったし、他に特別することもない。とりあえず、という執行猶予の感じだったと思う。

パッチリが「あんたの高校入学手続きにオレ付いていったんだぜ」と言う。申し訳ないがまったく憶えていない。その辺りも上の空。

「夜間部の受け付けは五時からですとつっけんどんに追い返されてさ、夜学生を差別するなって腹が立った。仕方ないからアメ横へ行って甘納豆買って食った。ピーナッツも食ったな。三人で上野公園をぶらぶらして時間つぶしたんだ」。もう一人、仲間が同行したらしい。

でもどうして彼らはわざわざ上野まで一緒に来てくれたんだろう。パッチリは「よくわかんない。あんた一人じゃ心細いだろうと思ったのか、いや冒険だったのかな。東京へ行きたかったんだろ」。

われわれが暮らしていた千葉県の柏という町から上野まで、あのころの電車で約一時間。当時の中学生にとってトーキョーに出るのは外国旅行のようなものだった。

昼間働いて、夜、学校。勤め先はなるべく学校に近いところを探し、転々。ネオンサインのガラス管を着色する仕事が長く続いた。ここのボスには住まいまで提供してもらい大変お世話になった。いつかお礼に参上したいと思いながら果たせずに時間が過ぎてしまっている。もう手遅れか。後悔ばかりのわが渡世である。

夜間高校とは折り合いが悪かった。薄暗い教室、熱心な苦学生、辛気臭いその雰囲気になじめない。となりの動物園からの獣の吠え声を聞きながらうとうと居眠り。

学校には行かず、人気《ひとけ》のない夜の公園をぶらぶらするようになる。公園口前のムシロを張り巡らしたホームレス集落の周辺が好きなスポット。学生運動にも誘われたが「笑わせるな」と無視。

上野駅プラットホームから浅草方面を望む夜景も忘れられない。一面の闇。黒く潰れた部分にはまだ焼け跡がたくさん残っていたはずだ。ネオンが二つだけ光っていた。右手前に「仁丹」、正面遠くに小さく「赤玉ポートワイン」と赤い字が点滅する。上から一文字ずつ、赤、玉、ポ、ー、ト、ワ、イ、ン。一度消えて、また、赤、玉、と繰り返す。アタマも胃袋も空っぽの状態で帰りの電車が来るまでただぼーっと眺めていた。

後年、開校何十周年だかの記念誌に、僕は卒業していないかもしれない、と書いた。すぐに担任だった教師から来信、あなたは卒業しています、名簿にもお名前があります、お仕事頑張って下さい、とあった。この優しい誠実な先生とも連絡をとっていない。こちらもおそらくもう手遅れだろう。お許しを願うしかない。

親切にして下さった方々、よれよれふらふらで見た光景、あれこれ思いが交錯する。

不忍池《しのばずのいけ》の端に映画館があって、そこにもよく通った。暇つぶしだから出し物は何でもいい。ここでマーロン・ブランドを観て――。

俳優志願

映画が特別好きだったわけではない。不忍池の端の映画館にも最終回の途中から入ったりしていた。料金が安くなったのかもしれない。ストーリーもわからず、女優のきれいな容姿をぼーっと眺めているだけ。そこに突然出現したのが、ブランド。マーロン・ブランド。

自分の居場所が見つからず、苛々《いらいら》したり、投げやりになったり、ヤケクソで狂暴になったりするブランド。演技とは思えない生々しさ。鬱屈《うっくつ》した若僧がまさにそこにいる。おれのような落ちこぼれが他にもいるんだという共感、カタルシス。ちょっと救われた気分になった。

作品名を思い出そうとしているのだが、後年、何度も繰り返し観た彼の映画の様々なシーン、表情がポンコツのアタマの中でごちゃごちゃになっていて判別できない。年代を合わせると『男たち』『欲望という名の電車』『乱暴者《あばれもの》』『革命児サパタ』のどれかだろう。

この体験と僕の俳優志願とは直接繋がらないが、池のほとりのブランドからもらった刺戟《しげき》は大きい。

俳優業、演技について言えば、僕は役の人物の世の中とうまく折り合えない部分を探し、そこからキャラクターに入っていくクセがある。この役の作り方の原点は、あの父の肩ごしに見た橋のたもとの狂人ではないかと思うことがある。そして不忍池のブランドもちらちらする（どちらも水辺に出た。お化けのように）。

映画が好きになって友人ができた。同じクラスのH君。熱烈な演劇青年で、「ブランドはいい役者だよ」と言う。どこがいいのかを身振り付きで説明する。彼は俳優志望だった。

Hの影響で新劇を観るようになる。で、ハマった。やっと目的ができた。新劇の俳優になるぞ。文学座、俳優座、民藝、各劇団の公演を何本も観たが、決定的だったのが芥川比呂志の『ハムレット』。他の芝居とは違った肌合い。地面にへばりついていたものが空に飛び上がったような爽快感。なにがなんでも新劇俳優になるぞ。芥川のように『ハムレット』をやるぞ。

先ずは俳優学校に入ること、そのための準備をすること、全てHが教えてくれた。千田是也の著書『近代俳優術』が教科書だった。難しくてよくわからなかったけれど。

巻末に早口言葉の例文が載っていた。「十二角八角で六角を三角（とにかく夜学で無学をみがく）」とあり、これには腹が立った。なーにがとにかくだ、なーにが無学だ、夜学だ、ふざけるな。

意気軒高。しかし、冷静に考えると、これはおかしい、間違っている。俳優になる。舞台に立つ。雲を摑むようなはなしだ。母とチビたち（妹二人）はどうする。

思い余って、叔母に相談に行った。この人は昔から僕のよき理解者なのである。夜学を勧めたのもこの人。コロッケの昼食をふるまってくれ、しばらくの沈黙ののち、

「……あのねえ、役者っていうのはねえ、いい男がなるもんなの。あたしはタカハシテージ（高橋貞二、二枚目映画俳優）をじかに見たことがあるよ。そりゃあいい男だった。美男子だった。鼻が高くて、目がぱっちりして。……おまえみたいな……。やめなさい。おまえみたいなカオで……。ばかなこと考えるもんじゃないよ」

「でも新劇の俳優は顔じゃないいんだよ。おれみたいのいっぱいいるよ」

「それはね、特別なサイノーのある人なのっ」

俳優養成所

俳優座付属の俳優養成所は六本木にあった。まだ今のような歓楽街ではなく、のんびりしたところだった。となりが銭湯、裏には畑があったような気がする。昼間、日の照っているときに好きなことがやれるのがうれしい。明るい、弾むように快活な仲間たちと一緒なのが楽しい。ときどき演技がうまくいかなくて落ちこんだりもするが、今思えばこれも可愛い。皆、はたち前後のぴちぴちすべすべ。特定の思想や演劇にかぶれていないヒヨッコを育てるのがこの養成所の方針であったらしい。

主事は杉山誠さん。スギマコ。

スギマコ先生の指導は徹底して俳優の自主性を育てるものだった。ほとんど何も言わないのだ。生徒が一人ずつ出て行って準備してきた演技をする。先生は眠そうな顔で肘かけ椅子の背にもたれ、無言。そのまま一時間の授業を終え、女子生徒のお尻を撫でたりしながら帰ってしまう。たまに「うん、いい」「それ、ダメ」と呟くことがある。どこがいいのか、なぜダメなのか、それは言わない。演技に正解などない。演技は他人に教わるものではない、自分で創るものだという指導法は僕の性に合った。俳優修業の最初に杉山誠先生に出会えたことはまことに幸運であった。

初めて演技を褒められたのがこのスギマコさんの授業。チエホフの短い喜劇『結婚申込み』の求婚者を演じたとき。男が異常昂奮して混乱するさわりで僕は本当に舞い上がってしまい、もうろう、失神した。ぶざまにひっくりかえってしまった。気が付くと先生が苦笑している。そして「みんなああいうふうにやるように」と言った。僕が気を失ったのは、ろくに飯も食わず貧血ぎみであったからで演技ではなかった。先生もわかっていたと思うが。

ある日。同期の河内桃子さんが、廊下ですれ違いざま、手を握ってきた。ん?!

立ちすくんだ。掌のなかに小さくたたんだ千円札があった。ラブレターではなかった。

当時僕はひどい恰好をしていた。よれよれのジーパンにばっくり裂けたビニール靴、その靴を布で巻いて履いていた。その上栄養失調で演技中に倒れる。桃ちゃんは同情して、他人に気付かれないように小さく折ったお札をそっと手渡してくれたのだ。

戸惑った。他人様《ひとさま》からお金を恵んでもらったことはない。それに、実は、僕はたしかに貧乏ではあったが、多少貧乏を気取っているところもあった（コウボウ数学先生のように）。優しい桃ちゃんを騙《だま》した感じでもある。ふり返ると、桃ちゃんは、少し離れた廊下の端で恥ずかしそうに笑っている。

千円はありがたかったが、それ以上にその心遣いにしびれた。いつか桃子さんのように、さり気なくお礼を言いたかった。しかし、叶わぬうちに河内桃子さんは亡くなってしまった。手遅れ。当時の千円は今の二万円くらいだろうか。

養成所の三年間は訓練、学習のみ。俳優活動は厳禁。でも先生からの指示で、実習として何度か舞台に立った。新劇合同公演、オペラ、文学座公演。どれも、その他大勢。

合同公演では千田是也先生のお付きの役。楽屋も一緒で、伝説的俳優を至近で観察。先生は毎日、奥さんから貰うお小遣いで好物の塩豆を買って楽屋入りする。途中に駄菓子屋があるらしい。大事に大事に一粒ずつ食べながら翻訳の仕事をしている。「食べる?」と何粒か僕の前に置く。使いかけのドンピシャ(付け髭などの接着剤)チューブを「これ、あげる」と頂き、宝物にした。

そしてその後、芥川ハムレットに出会う。

どんぶらこ

文学座の『明智光秀』に参加したのは養成所二年のとき。この芝居には雑兵が大勢登場してチャンバラしたり舞台を駆け回ったりする。人数が足りないのでわれわれ生徒約十名が助っ人としてかり出されたわけである。むろんせりふなどない。

芥川ハムレットが信長役で出演していた。あの客席から仰ぎ見た人と同じ舞台に立つ昂奮。楽屋の廊下ですれ違う。上目遣いでお辞儀をする。信長の扮装をしたハムレットが笑顔で「やあ」。

公演は楽しかった。しかし僕は張り切り過ぎたのかもしれない。大失敗をしてしまったのだ。

クライマックスの襲撃の場。中央の一段高くなったエリアで主要な俳優が白熱した演技を展開している。僕は傷を負った雑兵役で、下手袖から出て、折れた槍にすがってよろよろと舞台前面を横切り、上手袖に消える。あるとき、通過するだけではもの足りなくなり、途中でくずおれ、悶絶し、必死で立ち上がり袖に入るという芝居をした。舞台監督にメチャクチャ叱られた。僕が退場するのをきっかけに場面転換になる段取りだったらしい。雑兵の余計なアドリブの数秒間、全体がストップ、立ち往生になってしまったのだ。何も知らされていない僕はただポカン。

二期会のオペラに出たときにも叱られた。

むろんこれも人数合わせ、その他大勢でうろうろするだけなのだが、リハーサルを重ねるうちにちょっとした合唱曲などは覚えてしまう。口ずさんでしまう。声を張り上げるようになる。本番でもやってしまった。指揮者の森正さんが楽屋に来て、

「変な声が交じるんだけど、もしかして君歌ってない?」

「はい、歌いました」

「困るよ、君は歌わなくていいの、歌うふりだけしてて下さい」

あのころ、僕は浮かれていた。だが、わが家の生活はどん底だった。母が町工場の下働きなどしてかろうじて家計を支えていた。はしゃいでいる事態ではなかった。

どんぶらこ。

僕は「どんぶらこ」作戦で日々を送るしかなかった。桃太郎。桃が川をどんぶらこと流れ下る。途中岩もある。滝も現れるかもしれない。まあなんとかなるだろう。川下でおばあさんが洗濯をしていないかもしれない。まあなんとかなるだろう。流れに身を任せるしかない。

どんぶらこは便利だ。俳句のお尻にこれを付けるとたいがいは形になる。柿食えば鐘が鳴るなりどんぶらこ、これがまあ終《つい》のすみかかどんぶらこ。古池や蛙飛び込む——は合いすぎるけど。

俳優の演技もやはりどんぶらこなのだと思う。事前に綿密なプランを立ててもその狙い通りにはいかない。演出家がいる、相手役もいる、自分の心の動きも刻々変わる。つまり現場で生まれる瞬間の出来事に反応することが肝要なのである。

後年、相米慎二監督の映画『あ、春』に出演し浮浪者の老人を演じた。尾羽《おは》うち枯らし、息子の家を訪ねる。すげなくされ、ふらふらと立ち去るシーンで身体の重心を思いきり上げ、雲の上を歩く感じでやってみた。道路の微妙な凹凸に対応できず前後左右にゆらゆら揺れ、制御できない。どんな動きになるか予測できない。快い時間だった。

おもしろいねえ

養成所では座学もあった。一般教養、心理学、西洋演劇史等々。これからの俳優はアタマも使わなければいけない、バカじゃダメだという杉山先生の方針だったのだろう。しかしこれは豚に真珠であった。演技実習のみに夢中の僕らはノートもとらずただぼーっと聞いていた。居眠りするものもいた。講師は林達夫、南博、渡辺淳、加茂儀一氏他とんでもない方々。思えばなんともったいない。みなさん手弁当で来て下さっていたはず。

昼はきらきらの俳優修業、夜はアルバイト。

電話ニュースの吹き込みの仕事は実入りがよかった。あのころ産経新聞が電話で最新のニュースを流すということをやっていた。夕刊から朝刊までの間の情報を提供するシステムで、徹夜にはなるがギャラは一晩千円と高額。

一期上に田中邦衛さんがいた。あるとき邦さんが、あの口をとがらせた独特の口調で「おいヤマザキ、お前いいバイトやってんだってな、おれにもやらせろよ」と言ってきた。「うん、いいよ」と答えたが、あの個性的な喋り方の人がニュース原稿を読んだらどうなるか、迷った。しかしその後彼からの催促はなかった。本当はそれほど金に困っていなかったのかもしれない。「おれにもやらせろよ」は僕への励まし、優しい気配りだったような気がする。それにしても、これも思えばの話になるが、邦さんのニュースアナウンスはユニークなものになったはずである。聴いてみたかった。

どんぶらこどんぶらこで無事三年が経ち、卒業。杉山誠先生の計らいで文学座に入団となった。

あの芥川比呂志のいる劇団である。どんな経緯でスギマコさんが文学座を選んでくれたのか、わからない。「芥川君がお前の卒業公演を観てピックアップした」と聞いた記憶がうっすらあるが、これはちょっと出来過ぎで信じ難い。

入団当初は研究生扱いで演技の実習があり、芥川さんも先生の一人。憧れの人の指導を受けるのだ。夢のようだった。

好きな戯曲の一節を演じる授業で、僕は『マクベス』の短剣の場にトライした。国王暗殺に向かうマクベスが決行直前に幻の短剣を見る。その独白。芥川先生の講評は「おもしろいねえ！　きみの短剣は動かないのか。おれがやったときは（芥川さんは前の年にマクベスを演じていた）短剣が王殺しに誘うように動いて、それを追って退場、と設計したんだ。そうか、動かないか、おもしろいねえ」。

僕は独白を終え、凝視していた幻の剣から目を切り、ひと間おいて、いきなり弾かれるように退場した。芥川マクベスは、中空を移動する剣に誘われ、従うように去る。むろんどちらもありなのだが、幻について行く方が派手で舞台映えがする。見せ場、という感じ。いずれにしても、僕の演技が箸にも棒にもかからないものであったことは間違いない。それでもそのなかに何かしらの特徴を見つけ、それを楽しむ、おもしろがる。芥川さんはそういう人であった。さも大発見をしたかのように、目を丸くし、うれしそうに「おもしろいねえ」。

人間っておもしろいねえ。そんな楽しみ方を教えてもらった。ありふれた日常にも、あるいはつまらない映画にもどこか見所はある。それを探すのだ。――あのへたな俳優、動くとき必ず右足から踏み出すぞ。……ほーら右足だ。ははは、おもしろいねえ（右足先行俳優は山﨑努。足首にねんざ癖がありそれを庇《かば》うようなのだ）。

たかが芝居

初舞台は三島由紀夫の新作『熱帯樹』。入団した翌年、一九六〇年の正月公演だった。兄妹の近親相姦の話で妹役は加藤治子さん、両親が杉村春子さん、三津田健さん。豪華メンバーである。

稽古初日に三島さんが来て全篇を読んだ。身を縮め、肘かけ椅子に埋まるようにして、女のせりふは女の声色で読む。演出家と主だった俳優数人が拝聴する。時折、タイミングよく杉村さんが「せんせ、お茶にしましょ」とブレイク。三島さんが習い始めたボクシングのことなど話し、豪快に笑う。

先ず作家の「読み」を聴き、作品やせりふのニュアンスを摑み、それから稽古に入るという習慣は文学座独自のものだったと思う。それともあれはあの三島作品に限ってのことだったのか。よくわからない。何しろ僕は在籍した四年近く、大きな役を与えられたのはこれ一本きりだったから。

俳優山﨑努のデビューは惨憺《さんたん》たるものだった。完膚なきまでに叩きのめされた。プロ野球のルーキーが初めて打席に立ち、手も足も出ない。なんじゃこれは！と驚く。あの感じ。職業俳優のパワーがいかにスゴいものか、思い知らされたのだ。それまでは育成、練習であった。コーチはちょっとした可能性を見つけ、それを伸ばそうと褒め上げてくれた。しかしお金を頂いて観せる本舞台は厳しい。容赦ない。ヘタはヘタ、アウト。

杉村春子さんなどは呆れかえって声もかけてくれない。ちらっと送ってくる仇を見るような冷たい目が忘れられない。妹役の加藤治子さんも困り果てたようだ。自宅に呼ばれアドバイスを貰った。ご主人の高橋昌也さんもいた。親切がありがたかった。

当時、僕は生意気だった。実は、先輩俳優たちの演技に不満でもあった。どうしてあの人たちは、あんなにわかり易い、説明過剰な演技をするのか。感情の表出一辺倒なのか。人は内面にあるものを隠して生きている。隠すこと。そしてそこからこぼれ出るもの、それがその人物の言動なのではないか。ベクトルが逆ではないか。人間には、キャラクターには、もっと不可解なスリリングなところがあるはずだ。五百人の観客が一つの答えを得る明解な芝居が評価されるが、五百人には五百通りの答えがあるべきだ――。

この考えは今も変わらないが、理屈は理屈、努くんには実行する力が全くない。治子さんの励ましも効果なく、無惨惨敗の毎日。

やがて、山﨑を降ろそうとする雰囲気を感じるようになる。代役候補はなんと高橋昌也さんらしい（のちに昌也さんにたしかめた。本当にあったことだった）。これはキツかった。さすがにどんぶらこの努くんもカチンときた。そんなにお前らうまいのかい、そんなにオレはダメなのかい。たかが芝居じゃねえか、ふざけるな！

代役の一件はいつの間にか消滅したのだが、このときの「たかが芝居じゃねえか」は、その後の僕の財産になった。自分の仕事、自分の人生が世界の中心と思うようなバカになってはアカン。初舞台での唯一の収穫はこれ。これだけ。

三島さんは千秋楽のパーティーでも上機嫌で豪快に笑っていた。「おい、きみ次は映画に出るそうじゃないか。俺も映画に出演するんだ。どっちが早くスターになるか、勝負しよう」

映画出演

劇団に所属する俳優の映画・テレビ出演をマネジメントする女性がいて、なぜか僕を気に入ってくれた。チーちゃんといった。三十歳前後、江戸弁の気風《きっぷ》のいい人で、「この子は目がいい、生きのいい目をしてる」と言う。岸田今日子さんが「魚じゃあるまいし」と笑っていた。

今日ちゃんは大先輩だが、入団してすぐに仲良くなった（以来、彼女が亡くなるまでの五十年近く、大切な友人として、かけがえのない相手役として、親しくお付き合い頂いた）。

初舞台のあと映画、テレビの仕事が続くことになったのはチーちゃんのおかげである。「お前、ネクタイ持ってるかい？」と身なりの心配までしてくれ、先ずは映画会社の偉い人のところへの挨拶廻り。重役室にも「こんちはー」と入って行き「ごぶさたしてますー。あのね、この子がウチへ入ってきてね、よろしくお願いしますねー」と気軽な口調。相手の偉い人もにこにこしている。ずいぶん親しいらしい。文学座のノレンの力もあったのかもしれない。

最初の映画は岡本喜八監督の『大学の山賊たち』。

山岳部のリーダー役なので事前に一週間ほど志賀高原でスキーの練習をした。撮影はほとんど雪山ロケで楽しかった。ふと、叔母の「タカハシテージ」の話を思い出したりした。共演の映画俳優たちは皆美男美女なのである。たしかに。

二作目の『地の涯《はて》に生きるもの』では森繁久彌さんの即興の能力にびっくり。あの名曲「知床旅情」はこの映画の宴会シーンで森繁さんが即興で作詞作曲したものである。撮影中に久松静児監督が突然「ここでひとつ歌が欲しいな。繁さん、何か歌え」と言った。場面は、知床の漁師の息子（僕の役）の出征を祝う宴。森繁さんは土地の匂いのする歌をイメージしたのだろう、セットのちゃぶ台に紙片を置き、「……知床の」「……岬に」とエンピツで書きつけ、口ずさむ。昼食休憩があり、そして出来上がったのがあの曲。森繁節で見事に歌った。だからあれは元々、我が子を戦場に送る惜別の曲だったのである。あの場に居合わせた人ももうほとんどいなくなったと思うので、生き証人として記しておく。

次の作品『東京夜話』で僕はつまずいた。監督は豊田四郎さん。父親と息子の話で、それに各々の恋人がからむ、といった筋立てだったと思う。

その父親役が、なんと芥川比呂志さん。大いに張り切ったが結果、大いに迷惑をかけてしまうことになる。

ふだんはにこにこと優しい豊田さんが僕の出番になると一転恐ろしい顔になる。何をやっても、ダメ、もう一回。なんやそれ、もう一回。カメラの横に坐った監督は、苛々の余り青い顔になり、余り余って両手で地面を引っ搔いている。

「あんたなあ、いい先輩が横にいるんやから、訊けよ」

仕方なく

「芥川さん、どうしましょうか」

芥川さん、困りつつ

「……そうだなあ。……小道具を使ってみたらどうだい。その、手に持ってる手袋を何となくいじりながらさ、ボソボソっとせりふを言ったらどうかな」

「……はい。(豊田さんに) すいません、もう一度お願いします」

監督、ジロリ上目遣い。

ヘタとダイコン

立派な先輩のアドバイス通り、手袋をもてあそびながらやる。監督の反応は
「なんやそれ」

芥川さん、顔をそらし、そろりそろりと忍び足でセットの隅に逃亡。

もう何をどうやってもダメ。「あんたヘタなんや」

終了後、芥川さんが、お茶でも飲もうかと誘ってくれた。目黒駅前の小さなスナックだった。

お茶がビールになり、芥川さんがしみじみとした口調で、

「今日は他人事《ひとごと》じゃなかったよ。俺も昔、豊田さんにメチャクチャしぼられたん

だ。きみとおんなじ！　きみは『あんたヘタなんや』だったけど、俺は『あんたダイコンなんや』だった」

　と慰めてくれた。

「あんたダイコンなんや」は本当にあったことのようだ。芥川さん自身がエッセイに書いている。『雁』という映画のときだったらしい。

　ダメ出しの日々が続く。豊田さんはプロデューサーやスタッフに、あいつは態度が大きい、何を言っても通じん、蛙のつらに水や、と嘆いていたけれど、そうではないのだ。僕のココロはもうズタズタ。めげてはならじと懸命に突っ張っていたのだ。鼻歌など歌って。

　やがて、しばらくすると、豊田砲の攻撃がぴたりと止《や》んだ。砲口が若い女優さんの方に向いたのだ。ターゲットが移動したのである。

　思うに、演出家は、あるいはものを創る人は、制作過程で全てがスムーズに行くと何となく不安になり、どこかに欠点を探し出そうとするのかもしれない。そういうタイプの人もいるのではないか。これは自分のヘタさ加減を棚に上げての見解。

とにもかくにも作品は完成、ああ終わったあ、とヘタはヘタなりに解放感を味わった。出来れば元ダイコンさんの励ましを受けたスナックに行き、二人でビールを飲みたい気分だったが、まさかこっちから提案するわけにもいかない。

その後、間もなくして、豊田さんが僕の出演している劇団公演を観に来てくれた。終演後、楽屋でメイクを落としていると、豊田監督が君に会いたいとロビーで待っている、すぐに行くように、との知らせが来た。うわっ、また叱られるのか。

豊田さんは、顔をくしゃくしゃにして笑い、「あんた、うもうなったなあ」と両手を差し出し、手を握ってくれた。あの苛々と地面を引っ掻いていた手で。身体をよじらせて喜んでくれている。うれしかった（そんなに急にうまくなるわけないだろうと、今、記録を見ると、『東京夜話』の公開が一九六一年、そのときの公演『じゃじゃ馬ならし』が一九六六年。五年経っている。駆け出しの若僧も少しは場慣れしたのかな）。

初舞台、そしてこの映画と力不足を痛感したが、それでもわかりやすい説明的な演技はしたくなかった。生意気ではあるが、自分の目指す「良い演技」の基準と世間のそれとが少し違うようにも感じていた。これは現在もある。

古いメモ帳を捲《めく》っていたら、こんな走り書きがあった。

「役者のうまいのに驚嘆する。全員がうまい。全員が素人に見えるくらいにうまい。つまり、役になりきっている」

これは作家の山口瞳さんがある映画を観て記した感想文の一部を書き移したもの。

「素人に見えるくらいにうまい」。これが僕の理想とする演技。

黒メガネ

黒澤明監督の『天国と地獄』に参加したのは、多分二十五歳のときだったと思う。記録を見ると、この映画の公開は一九六三年、その前に一年間の撮影があり、加えて準備期間がある。逆算するとそうなる。

あの誘拐犯人役はオーディションで貰った。オーディションは初めての経験だった。

緊張した。

部屋に入って行くと、黒メガネの「黒澤明」が中央にでんと構えて居る。両翼にスタッフがずらりと控えている。パイプ椅子に坐らせられ、細長い机を挟んで

外した。

「じゃやってみようか、僕が相手をしよう」と黒澤さんがおもむろに黒メガネを外した。

刑務所の金網越しに主人公と二人きりで対面するシーンである。犯人が一人で延々と喋りまくる。一週間ほど前に台本を渡されていたので、せりふは憶えていた。でも、え？　黒澤明が相手⁉

実を言うと、僕は当時、俳優のくせに、他人の目を直視することが出来なかった。自意識過剰。対人恐怖。

二人が長い間、じっと睨み合うところから始まるシーン。困ったな。どうしよう。

しかし、黒澤さんの目は、柔らかな、全てを受け入れる目だった。――君の心の中はわかっている。それでいい。そのままでいいんだ――と僕の困惑を受け入れてくれる優しい目だった。誘われるように、僕は初めて他人の目を正視することが出来た。それは僕にとって特別なことだった。

演技テストが済み、「はい、ありがとう」とまた黒メガネをかけた巨匠が、ニ

コニコと
「この役、やる気ある？」

後で考えると、これはおかしい。やる気があるから出向いてきたのである。

僕の返事もおかしかった。

「黒澤組はキビしいと聞いているので、やりたくない気持ちもあります……」

（後年スタッフの一人が、あれは何日もかけて考えてきたせりふだな、と言ったようだが、そうではない、とっさに出てしまったのだ）

黒澤さん、苦笑。そして
「あのね、映画作りは、自動販売機にコインを入れてジュースを買うようなわけにはいかないんだよ。毎日毎日、目の前にある仕事を一生懸命やる。そうするといつの間にか終わっているんだ」

この言葉を僕は今も大切にしている。仕事中に萎《な》えたとき、自動販売機の話を思い出し、当面の瞬間を楽しむ。集中する。一つ一つ、愉快に。ピンチを脱するにはそれしかない。

撮影は、楽しかった。

僕の初日は、犯人の初登場のシーンだった。先ずは最初に姿を現すところからやらせてやろうという配慮が感じられた。スケジュールを組む助監督の気遣いだったか、あるいは監督の指示だったのか、それはわからないが、うれしかった。汚れた川面にYシャツ姿で歩く犯人の姿が逆さまに映る。カメラがふり上がり、新聞を小脇に抱えた犯人が行く、という段取り。

張り切って臨んだ一日目は、中止。川の汚れ具合が充分でないらしい。美術部がトラックで運んできた大量のゴミを川上で放り込むのだが、監督の注文するヘドロの流れにならない。カメラが回るまで三日くらいかかったか。

本番は一回でOK。歩くだけだったが、「あいつの歩きはいい」と監督が褒めてくれたそうだ（助監督だかが伝えてくれたことだからホントかどうかは不明）。初舞台では歩きがへたと散々だったので意外であった。

やけど

映画『天国と地獄』で黒澤明監督に出会えたのは幸運だった。あの役の青臭い心情と、自分を持て余している努くんの苛立ちにどこか共通するものがあった。正念場の対決シーン（例のオーディションで黒澤さんを相手に演じた場面）の撮影が忘れられない。

現場は異常に緊張していた。それまで犯人はただあちこちをうろつくだけでせりふはひと言もない。スタッフ全員、山﨑がどんな演技をするか、厳しい演出に応えられるのか、不安だったのだろう。むろん何日か前にリハーサルはあった。しかしそれは監督と相手役の三船敏郎さんだけで行った。だから助監督はじめスタッフたちは何も知らないのだ。

金網越しのじっと坐ったままの対面。見つめ合う。長く長く。保てるだけ長く。ここがマキシマムと感じたところで三船さんが「君はなぜあんなことをしたのかね」と問う。僕は死刑の恐怖に震えながらも胸を張る。少しも怖くないと虚勢を張り、滔々《とうとう》と喋る。無言で眼だけで受ける三船さんに向かって。ワンシーン・ワンカット。たくさんのカメラで長いシーンを一気に撮る。

一回でOKが出た。ステージ全体の張りつめた空気が変わった。でも皆無言、妙に静かだった。僕も無事責任を果たせたという虚脱感だけ。

メイクを落としていて、指にやけどをしていることに気付いた。演技の最後に感極まって立ち上がり、金網を握った。その金網がライトの熱で焼けていたのだ。あのアクションは本番で思わず出たもので、照明部の責任ではない。やけどはひりひりと痛かったが快感でもあった。名誉の負傷だ。

数日後、街をうろつくシーンの撮影中、黒澤さんが寄ってきて「あの対決、とてもよく出来た。あれをラストシーンにするよ」と囁いた。あの場面の後にエピローグがあるのだが、それをカットすると言う。「やったぜ！」。だがそれは隠し

「はあ、そうですか」と頭を下げ、礼をした。

こういうとき、軽口をたたくクセが僕にはあるらしい。あるいは褒められて照れくさかったのか余計なことを口にした。「クロサワさん、どうしてこんな寒い時期に夏のシーンを撮るんですか」。真冬の夜にYシャツ姿、その上メイクさんがスプレーで水を吹きかけ汗を作る。背中にやられるのがひどく辛い。一年かけた制作なのだからスケジュールを考えるべきではないか。

黒澤さんの答え。「それはね、夏はみんな暑いから油断する。寒いときは暑さを表現する工夫をするだろ」

これは創作の秘訣だと納得（のちにこの話を長年黒澤組を支えたスクリプターの野上照代さんにしたら「そんなことないわよ。たぶん出演者の都合でそうなっただけでしょ」とのこと。そうであっても僕にとって貴重な言葉であることに変わりはない）。

この作品以降も『赤ひげ』『影武者』と二本の黒澤作品に参加することが出来た。

いつのときだったか、「ご自分の昔の作品を観返して後悔することはありませんか」と訊いたことがある。即座に「ないね。どうして後悔するの？　そのとき一生懸命やったんだからそれでいいじゃないか」と一蹴された。さすが巨匠、オレとは人間のつくりが違うんだ、と引き下がった。

しかし、今にして思えば、「そのとき一生懸命やったんだからそれでいい」は正解なのだ。同感である。そういうことなのだ。

丸太ん棒

自分の過去の作品をふり返って不満足の感を持つのは自然なことだろう。余計だったり足りなかったり、何よりヘタなことに恥じ入るのがふつうである。けれど黒澤さんはそうではない。そのとき力を尽くしたのだからあれでいい、と言う。拝聴したときは意外に思ったが、後年、僕も似たような考えを持つようになった。他ならぬ『天国と地獄』を観直したのがそのきっかけだった。いささか出来過ぎではあるが本当の話。

僕は自分の拙《つたな》い演技が嫌で旧作は観ないことにしている。しかし『天国と地獄』だけは映画祭や取材の関係で拒絶できないことが数回あった。そして何度も観ていくうちに、というか仕方なく観せられているうちに、あれはあれでいいんだ、と思うようになったのだ。

とにかくヘタ。せりふ、動き、表情、何より演技プランが稚拙、なってない。今やり直したらもっとマシに、もっとうまくできるのだがと目を覆う。だが、あの若僧の憎悪、混乱、恐怖、つまり青臭さはもう今はない。あれはあの二十五歳のときのもの。あのときでしか出来なかったもの。「あれでいい」とするしかない、ということ。演技は生《なま》もの。そのとき限りのもの。いや演技だけでなく日常の全てがそういうもの。時間は巻き戻せない。

僕の好きな黒澤語録をもう一つ。

「丸太ん棒のような演技が良い」

ずかずかと入ってきて、無造作にゴロンと丸太ん棒を投げ出すような演技が良。風呂敷包みからおもむろにとり出し、得々と並べてみせるような、いわゆる芸の披露は苦手らしい。

登場人物を丸ごと表現するか、展開してみせるか、俳優は各々双方を意識していて要するにそのバランスの問題なのだが、外国俳優で例をあげれば、映画にもよく出ているジュディ・デンチ、ポール・スコフィールドなどはどちらかといえば丸ごとタイプ、ローレンス・オリヴィエは展開型といえる。喜劇なら、バスター・キートンが丸太丸ごと、風呂敷展開説明がチャールズ・チャップリン。良し悪しはともかく、僕の好みは断然丸太ん棒。これからも転がし続けるつもり。

つもりではあるが、さて、山﨑の努くんも歳をとった。いささかガタがきている。全力で疾走したら全ての関節が外れ、身体が空中分解してしまうだろう。やってきた老いは受け入れるしかないが、どう対処したらいいのか。ジュディ・デンチは目が不自由になり耳でせりふを憶えているそうだ。楽しそうに。すごいねえ、見習わなければ。

老いは誰にでも来る。逃れられない。

『影武者』の北海道ロケのときだった。スタッフ、キャスト全員で賑やかに夕食を摂り、レストランからホテルへの帰途、なぜか黒澤さんと二人きりになった。監督は歩くのが辛そうで、僕の肩に手をかけ荒い息。そして立ち止まり「ヤマザキ、おれももう七十だよ」と珍しく弱音を吐いた。しかしその眼には力があった。怒っているような、挑んでいるような。

あわただしい年

一九六三年はたくさんの出来事があり、あわただしかった。

まず三船（敏郎）さん製作・監督・主演の映画に出演、初めて海外へ出た。ロケ先はフィリピン。マニラからサンフェルナンド、バギオと廻り、大いに楽しんだ。外国旅行が珍しいときである。

大戦時からの反日感情がまだ残っているとのことで、鉄砲を持った兵士が常時護衛に付いた。終戦から十八年経っていたがその傷跡は至るところで感じられる。

僕は知人から小さな薬瓶を預かっていた。フィリピンで戦死した息子さんへの供物で、海に投げ込んできてくれという。中にはビタミン剤が入っていた。ご子息がどこで亡くなったのか詳しいことはわからないらしい。サンフェルナンドの海は美しかった。当初はマニラ湾にと考えていたのだがここの方がいい。撮影の合間に瓶を沖に向かって遠投した。

仕事は順調、毎晩の酒盛りも愉快だったが、帰ってきた羽田空港で異変が起きた。カメラマンが群がって迫ってくるのだ。そしてターゲットは三船さんではなく、なんと僕。何事か。悪事を働いた覚えはない。

われわれがロケに出ている間に『天国と地獄』が公開され、大ヒット。犯人役の新人が注目されたということだった。たしかにあの映画は観客の興味が犯人に行くように作られている。おかげで山﨑努はシンデレラ・ボーイ、にわかスターになったというわけ。

その後、映画を模倣した誘拐事件もあって社会的騒動になってしまった。タクシーの運転手に「あんたが人騒がせなことをするから」と叱られたり、もうメチャクチャ。新聞や雑誌の取材も続く。何度も付き合わされる「世界のミフネ」が「いいんだいいんだ、俺なんか刺身のツマだから」とすねてみせる。突然の事でどう対処したらいいのかわからない。

俳優にとって名前が売れるのはありがたいことだし、騒がれるのもうれしい。けれど犯人役が評判になったのは自分の力ではない、黒澤さんの演出の成果なのだ。豊田監督が「あんたヘタなんや」と匙《さじ》を投げたのは前年のこと、僕は相変わらずデクノボウなのである。それは充分自覚していた。映画、テレビのオファーも数多くあったが知り合いからのもの以外は全てお断りした。買いかぶられているのが重かった（小心者だとつくづく思う）。

劇団「雲」の設立。これも大騒ぎになった。芥川比呂志はじめ小池朝雄や岸田今日子など劇団員の約半数が一挙に脱退するのだ。僕もその末席に連なることになった。確たる信念があったわけではない。文学座の古い体質の下では新しい演劇活動は出来ない、という趣旨には賛同するが、何しろあの無惨な初舞台以外僕は殆《ほとん》ど舞台に立っていないのでその実感がない。しかし主宰する福田恆存さんの唱えるシェイクスピア劇上演にはひかれる。それに日ごろ付き合いのある人たちがいなくなっては文学座に残る意味がないと参加を決めた。

大脱走、じゃなくて大退団決行は劇的であった。同志が深夜、都内某所に集合し密談、発表まではいささかの情報も洩らさないという周到な準備が進行した。

討ち入り前の雰囲気。おそらくこれは福田さんの配慮で、相手方との泥仕合を避けるためだったのだろう。

あのときの先輩俳優たちのまなじりを決した顔は忘れられない。決意が漲《みなぎ》っていた。だがその劇団「雲」も十数年後に消滅する。僕はその何年か前にぬけていたのだが。

劇団「雲」

映画の大ヒットのおかげで山﨑努はにわかスターになり、それにドラマのような抜き打ちの文学座退団、新劇団「雲」設立というてんやわんやのなか、僕は結婚をした。「この忙しいときに……」とマネジャーのチーちゃんが渋い顔。式は映画会社が仕切ってくれたこともあってえらく派手になってしまった。あとで黒澤（明）さんに「ずいぶんゴウカな式だったたねえ、僕らのころは自宅の狭い座敷で仲間と一杯やって済ませたものだよ」と皮肉られた。正直僕も式など挙げたくなかったのだけれど成り行きで仕方がなかったのだ。

劇団「雲」の旗揚げ公演は素晴らしい出来だった。演目はシェイクスピアの

『夏の夜の夢』。スピーディーでダイナミックな展開、笑いの連続。創立メンバー全員が同じ比重で配役される集団祝祭劇、レパートリーの選択は完璧であった。但し芥川（比呂志）さんと僕だけは不参加、芥川さんは入院闘病中、僕は映画のフィリピンロケと重なった。

久しぶりに手元の松岡和子訳で戯曲を読み返してみた（実は一九八八年にこの劇に出演しているのだが、歳のせいで物忘れがひどい。記憶を辿るために再読した）。

二組の恋人たちが相手を取り違えるドタバタ、下賤《げせん》な職人が妖精の女王とからみ合うセクシーな「ボーッとむなしい夢」を見て混乱する件《くだ》り等々、人間の意識や感情がいかに不確かで、はかないものかをあらためて感じた。一見陽気な喜劇仕立てになっているが、本当は辛辣《しんらつ》な劇なのである。事を仕掛けたパックの幕切れのせりふ「影にすぎない私ども」「ここでご覧になったのは／うたた寝のひと場のまぼろし。／たわいない物語は／根も葉もない束の間の夢。」もそのはかなさに追い討ちをかける。

『夏の夜の夢』の「夏」は原題では「ミッドサマー」、「夏至祭前夜」のことらしい。この夜はタガの外れた狂気のような大騒ぎをしたのだという。その異常な夜に見る夢。

新劇団を主宰した福田恆存さんはどういう思惑でこの劇を選んだのだろう。戯曲を読み直しながら、そんな思いが頭をかすめる。

福田さんほどの人が劇団運営の困難さを予想しなかったはずはない。良くも悪くも過剰に人間臭い（嫉妬深くて独りよがりな）俳優たちが相手なのだから。そんな危惧よりも新しい演劇活動への意欲が勝《まさ》ったということなのか。十数年後の解散は覚悟の上だったのかもしれない（最初に脱走してしまった僕がこんなことを思うのもおかしな話だが）。

とはいえ劇団創立後の数年間は快適だった。観客の支援もあった。自分が参加した公演では『黄金の国』が楽しかった、遠藤周作の書き下ろし戯曲で芥川比呂志演出、初めて舞台で演技することの快感を（少し）味わえた。

仲谷昇さんと僕が碁を打っている幕開き、お互い長考し、パチンと石を置く。二手、三手。初日、僕は上がって二手続けて打ってしまった。幕が下りてすぐに芥川さんが昂奮の表情でステージに上がってきた。「すいません」、頭を下げると無言でぷいと顔をそらせた。トチリはトチリ、おれに謝られても困るということだ。それはそうだ。それにしても冷たいな、とずっと記憶に残っていた。しかし今書いていて、あれはあれでよかったのだと気付いた。続けて打ったのは失敗ではない。

友

『黄金の国』は江戸時代の転びバテレンを中心にした劇で、バテレン役の小池朝雄さんの演技は迫力があった。

仲谷昇さんと僕は取り締まる方の役で、お互い思惑があり、肚《はら》を探り合いながら碁を打つという幕開き。せりふを交わしながら長考し、石を置くという段取りなのだが、初日、僕は緊張の余り二手続けて打ってしまったのだ。

半世紀以上経って、あれはトチリではない、失敗ではないと気付いた。おもしろい。人生にはこういうこともある。実に愉快。

あの場面は緊迫した騙し合いである。二手続けて打ったのは相手を混乱させるため、あるいは自分が混乱してしまっての行為とも見ることができる。だからセーフ、成立なのだ。むろん僕が上がってしまった結果で意図したものではないのだが。

しかし、演出家芥川はこのトチリをどう受けとめたのだろう。あのぷいと横を向いたのは何だったのか、これが疑問だ。初日を迎えた演出家は俳優よりも不安になるらしい。碁の手順の間違いなど見過ごしたとも考えられる。

ともあれ、舞台上で演技することの快感をほんの少し味わえたのがこの公演だった。そして生涯の友となる男と出会ったのもこのとき。

テリーことテレンス・ナップは英国ナショナルシアター所属の俳優で、劇団のモスクワ公演に参加、現地解散のあと単身で来日、われわれの稽古場に遊びに来た。

今でも不思議に思うのだが、会ったとたんに友だちになった。事情があって長い間別れ別れになっていた兄弟か幼馴染《おさななじみ》と突然再会して「何だお前、どこにいたんだ、どうしていた⁉」と語り合う感じ。元来、人と会うのが苦手、ことに初対面では固くなってしまう自分としてはまことに意外な展開であった。

数日後、テリーはわが家に泊まりにきた。モスクワの旅やロンドンでの暮らしをおもしろおかしく家族に報告するように話す。朝食の熱の入りすぎたベーコンエッグを、旨い旨い、こういうの大好きと食べるテリー。カタコトの会話。結婚したばかりの妻の戸惑った顔——。

彼は『黄金の国』の九州巡業公演にも同行した。宿も食事も一緒、初めての日本食に目を丸くし、生もの以外は何でも食べた。手をつけたものは残すことなくきれいに完食。小池（朝雄）さんも加わり三人で温泉巡りをしたり、硯《すずり》や墨を調達して習字をしたり。

以来彼とは、彼が天に召されるまでの五十二年間、かけがえのない友として頼りになる芝居作りの相棒として付き合うことになる。

僕の家には空き部屋が一つある。妻や娘たちは「テリべや」と呼んでいる。テリーが来日時に寝起きしていた部屋だ。彼がいなくなってから物置状態になってしまっていたのだが、この間、芝居仲間だった若い友人が来て片付けてくれた。久しぶりに窓を開けるといきなり突風のような風が吹きこんできた。夏の暑い日で、気持ちがよかった。思い返してみるとその日はテリーの亡くなった翌日であった。「テリーさんが寄っていったんですね」と友人が微笑した。

居間の振り子時計はこの家を建てたときテリーが贈ってくれたもの。裏に「時を刻む音とともに我々の友情は深くなる」と彼の文字がある。だいぶ古くなったが、まだカッチンカッチン動いている。

拍手

年代順に並べた出演リストを見ると、一九六六年から翌年にかけては、舞台が『黄金の国』『ドン・ジュアン』『榎本武揚』、映画『あかね雲』、テレビはNHK大河ドラマ『三姉妹』とあり、びっくり。この仕事量、どうやって時間をやりくりしたのか。三十歳、元気だったのだ。

『あかね雲』の篠田正浩監督、『三姉妹』の脚本家鈴木尚之さん、そしてもちろん舞台演出の芥川比呂志さんにはその後も指導を頂くことになる。

それぞれ楽しい仕事だったが『ドン・ジュアン』でつまずく。

モリエールの『ドン・ジュアン』はフランスから招いたジャン・メルキュール

さんの演出だった。徹底的に絞られた。やることなすこと全てダメ。「メ、ノーン！」。豊田四郎監督に「あんたヘタなんや」と叱られたことを思い出した（そういえばこのお二人、よく似ている。小柄で痩身、細部にこだわり粘っこいところ、そっくり）。

稽古の半ば、自分のあまりの不甲斐なさに愛想がつき、切れた。腰に吊るしていた剣を外し、床に叩きつけ、「やめた！」。夏の暑い日だった。稽古場の外の階段に坐り込み進退窮まっていると、しばらくして今日ちゃん（岸田今日子さん）が静々と現れ、横に坐った。炎天下、階段はコンクリート、やけどするくらい熱くなっている。長い間、電線の雀状態で共に無言。仕方がねえ、やるしかないか、という気分になったとき、タイミングよく今日ちゃんが「やろうよ」と声をかけてくれた。

ともあれ、明けない夜はない。何とか幕は開いた（メルキュール砲はすさまじかったが、途中からターゲットが他の俳優に変わった。これも豊田砲と同じ）。

この公演中に長女が出生。

幕切れ、ドン・ジュアンは雷に打たれて死ぬ。落雷の閃光のなか、燃え尽きて姿が消える。倒れた床面が落ち、観客の視界から消える仕掛け。僕は狭い床下を這って袖に退場、直後のカーテンコールに颯爽と登場、という演出になっていた。ある晩、匍匐《ほふく》前進で袖に辿りつくと先輩の三谷昇さんが駆け寄ってきて「生まれたよ、女の子だって」と伝えてくれた。楽屋に電話があったらしい。丁度そのとき幕が下り、観客の拍手が聞こえてきた。娘の誕生を祝ってくれているようだった。なんて間のいい子なんだろうと思った。散々な目にあい、周りにもずいぶん迷惑をかけた芝居だったが、この拍手と今日ちゃんの親切だけは大切な記憶として残っている。

劇団「雲」には三十七歳まで十一年在籍、素晴らしい集団だった。離脱するのは正直少々辛かった。退団の理由はただただ俳優としての冒険心から。敷かれたレールを行く列車を降り、道のない野原を車で走り回りたかったのだ。

「雲」での最後の公演、この一投は真ん中のストレートでいこう、それでゲームセットにしよう。愛読しているフェルナンド・アラバールの『建築家とアッシリア皇帝』の上演はどうか。登場人物も二人だけ。時間をかけ新しい芝居作りをしたい。

とはいえ自分で演目を決めるのは我が流儀に反する。演目や配役は演出家から与えられるもの、大袈裟に言えば天から降ってくるもの、これが僕の建前。さて、どうする。

もやもや

好きな芝居、アラバールの『建築家とアッシリア皇帝』を打って、それを区切りに退団する。今思えばひどい我がままである。自分の勝手なのだから静かに辞めればいいのだ。でもそのときは夢中だった。どうしても決行したい。しかし自ら申し出ることは出来ない。僕のセオリーに反する。

そこで気心の知れた先輩俳優の高橋昌也さんに戯曲を読んでもらうことにした。彼は演出志望で、出し物を探しているところだったので丁度よかった。

――原始人「建築家」が一人で棲んでいる孤島に飛行機が墜落、生存者は文明人「アッシリア皇帝」のみ。二人きりの生活が始まる。馬乗りをして遊ぶ。「おれが馬？」「違う、おれだ」。やがて芝居ごっこに興じるようになる。様々な役柄、様々な展開。ごっこがエスカレートし、いさかいが生じ――、と進む筋立て。

聖と俗、愛と憎悪。猥雑《わいざつ》でユーモラス。人間とその関係、そして演劇演技の原型を追求したパワフルな作品である。昌也さんは予想以上の関心を示し上演成立。むろん配役は彼に依頼。

僕のやりたかったのはただ一つ、整頓され練り上げられた演技以前にある「もやもや」した気持ちを表現したいということ。

言葉なんかおぼえるんじゃなかった、と嘆いた詩人がいたが、それを言うのも言葉、僕らは言葉に縛られている。世の中、言葉で出来ている。

しかし、言葉にする以前のもやもやした感情、あるいは突然湧きあがってくる情動といったものが人にはある。これらは出来立てほやほやだから、まだ頭脳の検閲が済んでいない。その分、新鮮で刺戟《しげき》的。当然危険性もあるのだが。

作文などとは違って俳優の演技は心の動きと表現がほぼ同時に進行している。生きのいい演技ほど心の動きを「言葉」に整理する時間がない。

一方、演技には物語を伝えるという大きな役割がある。物語を失《な》くしたらキャラクターの居場所もなくなるからだ。そして物語は言葉で成り立っている。いずれにしても、あらかじめ決められた瞬間など人生にはない。とはいえ物語は不可欠である。台本の決定された言葉からどのくらい自由になれるか、その按配が難しい。

戯曲『建築家とアッシリア皇帝』は、その俳優のジレンマを中心に据えて書かれたもの、と僕は読んだ。芝居ごっこを続けた末に各々のキャラクターの輪郭が薄れ、やがて物語も消えてしまう物語。つまり演劇演技についての物語。

言葉(戯曲=物語)を使って言葉を超える世界を表現するにはどうしたらいいか。身体しかない。だが俳優の身体は演技表現の手段として習慣化している。信用できない。いわゆる名優といわれる人たちにとってはその膠着《こうちゃく》した身体の癖が貴重な芸となる。その勿体《もったい》ぶった修飾過剰の芸を除くのだ。

身体から俳優臭さを洗い落とし、心の動きに素直に反応できる自然体にするにはどうしたらいいか。われわれが選んだ方法は酷使、ハードワーク。千本ノックは恐怖や体裁を取り去り反射的にボールを捕る鋭い動きを作る。あれだ、あれを参考にしよう、と思った。

巧く演じて褒められたい、そんな媚《こ》びを取り去るためには身体に余裕を与えないこと。それには出来るだけ動き難い舞台装置がいい、障害物競走のような。

自分の演技を

言葉になる以前のもやもやした情動を表現したいという欲求、それはいわゆる名優といわれる人たちの修飾過多の「芸」へのアレルギーから生まれたものかもしれない。あの手の省エネ小手先芸は観客への媚びだと当時の僕は毛嫌いしていた。

演技を客席に届けるのではなく、それよりももう少し奥にある何かに向かって捧げたいという気持ちが若い山﨑努にはあった。少なくともお客様との直取引だけはしたくない。

池澤夏樹の紀行本『ハワイイ紀行』（新潮社）にフラ（フラダンスは造語でマ

ウントフジをマウントフジサンと呼ぶようなものらしい）について書かれた部分がある。

フラには古式のカヒコと新式のアウアナの二種があり、カヒコは打楽器と詩の朗唱のみで踊る。新式のアウアナは例の甘いハワイアンソングとスチールギター、ウクレレ等々の伴奏に乗ってにこやかに踊る。池澤さんが引きつけられたのはカヒコの方で、それは「人間に見せるものではなく、もっと偉大な存在を観客として想定して踊っているかのように見えた。見るべきは神々であり、われわれ人間はそれを脇から見せてもらっているにすぎない」「人間を超える者への姿勢を読み取ることができる。陶酔を誘うもの」であったという。

この一文に出会った時は、ただ「!!」、言いようのない気持ちになった。五十年近く前、『建築家とアッシリア皇帝』上演の際に自分が目指していたものとどんぴしゃりだったからだ。捧げる対象が神々かどうかはともかく、そのわれわれのパフォーマンスの力が強ければ、客席の人々はその動線に吸い込まれるはず、そんなイメージだったのだ。

高橋昌也さんの初演出も楽しみだった。彼は最初に「俺は山崎という俳優に惚れている。お前のやりたいようにやって欲しい。俺はお前の表現がより効果的になるようアドバイスするだけだ。だから俺を信頼してくれ」と宣言した。彼も若かったのだ。熱くなっていた。途中トラブルは必ず起きる、負けないようにしよう、そのためにはお互い信頼すること。同感。

配役は僕が「皇帝」、相手役の「建築家」には若い俳優を選んで稽古に入った。激しい稽古になった。通常は静かにテーブルにつき、ゆっくりとせりふを吟味しながら読むところから始めるのだが、僕らは火がついたように昂奮している。全て通常には従いたくない。異常に行きたい。坐ってなんかいられない。台本を持ったまま駆け回ったり机に跳び乗ったり、とにかく身体をいじめたいのだ。

若い俳優が、とてもついていけません、と降りてしまった。僕も昌也さんも狂気じみていたのだろう。二人目の相手役も腰を痛めて潰れた。そして三人目に現れたのが当時まだ研究生だった立川光貴（三貴）君。この若者がすごかった。筋骨隆々、馬力があって演技のセンスもいい。それとなく僕らのことを窺っていた橋爪功が寄ってきて「ヤマさんヤバいよ。立川を使うんだって？　あいつすごいよ、やられちゃうよ、ふっとばされちゃうよ」と囁いた。それくらい迫力があった。昌也さんもほくそ笑む。この稀有《けう》な俳優立川とはその後も長く付き合うようになる。僕の娘の初舞台にも重要な役で出演していた。だから親子二代に亘る共演者。

出産、キス

『建築家とアッシリア皇帝』についての話がなかなか終わらない。まあ俳優修業のなかで転機になった公演だったということだろう。

芸を捨て、内面の動きに即反応できる敏感な自然体を作りたい、そのためには身体を酷使することだ。千本ノック、あるいは坊さんの荒行のようなことを考えていた。

体力を消耗させる仕掛け、動き難い障害物競走のような装置が要る。舞台装置はグラフィックデザイナーの福田繁雄さんに依頼、巨大なサイコロのような立方体が出来上がった。その一角を胸の高さくらいのところで切り落とし、踊り場にする。そこからまた同じ高さにもう一つ平らなスペースを作る。俳優はその三階になったサイコロを跳び上がり、跳び下りして演技することになる。疲れてくるとよじ登りずり落ちる。

相手役の立川は軽々とジャンプして一気に三階を往復したが、僕は公演の後半、よれよれになった。ふらふら、意識もうろう。幕間《まくあい》の楽屋で友人の医師に注射をしてもらい何とかダウンせずに済んだが、あれはどんな薬だったのか、まさか麻薬ではないだろう。

テリー（テレンス・ナップ）が観に来て、こんなことをしてたら死んじまうぞ、おれがエコノミカルなやり方を教えてやる、と心配してくれた。まっぴらだ、これはおれの考えたメソッドなんだ、と返した。

様々な「ごっこ」を演じたが、建築家が去り、一人ぼっちで「ごっこ」した尼僧の分娩シーンが忘れられない。少しずつお腹が膨らんでくる件《くだ》り、さあどうやろう、そうだお腹に袋を付け空気を入れよう、自転車の空気入れを探し出す、全て自分でやらなければならない、膨らんでくる、あわてて寝転びお腹をさすり幸せそう、また立ち上がり空気を入れる、寝転ぶ、その繰り返し、やがて陣痛、絶叫、分娩、産まれてくる赤ん坊、そうだ人形だ、探し出す、赤ん坊に頬ずりしながら子守唄を歌う、〽眠れよい子よ～、――人生で努くんが女になったのは後にも先にもこれ一度きり。

そう、立川がアドリブでいきなりキスしてきたことがあった。男とキスしたのもあのときだけだ。不快だったので僕には同性愛の気がないと判った。むろん立川にもないはず。

思い描いていた通り、めちゃくちゃごちゃごちゃ何でもありの舞台になった。

幕が下りてからの拍手が鳴り止まない。でも僕は無視した。お客のためにやってるんじゃねえやと傲慢に突っ張り、化粧を落とす。ある日、立川が「あんなに喜んでくれているんですから、カーテンコールやりましょうよ」と言う。たしかに。本当は僕もうれしい。それにあの拍手は立川光貴（三貴）へのものでもある。いや昌也さん他スタッフを含めた全員への賛辞だ、と出た。コールは九回続いた。この稿では自慢話になることは書くまいと思っているのだが、やはりここは自慢したい。

この公演での僕の試みは、演技についての疑問や不安を払拭するために不可欠のものだった。結果、自分なりの収穫があり、あらためて俳優業への意欲も湧いた。

そしてスムーズに退団、とはいかなかった。親しい仲間の今日ちゃん（岸田今日子さん）、小池（朝雄）さんたちの了解はあったのだが芥川（比呂志）さんに引き留められた。外で何をやるも自由、だが籍は劇団に残せ、と言う。

一人になって

「ふふ、外でやりたいんだろ？　やれよ、やっていい。だけどなあ、何があるかわかんないぞ、外は。何かあったとき帰る場所を作っとけ。側溝だな、側溝があった方がいい、安心だ。だから劇団には籍を残しとけ、いや籍だけでいい」

「劇団てのはね、誰のもんでもない、みんなのものだよ。みんなで支えてるんだ」

「最近『ハムレット』やってないな。うん、やる気あるかい？」

芥川（比呂志）さんは手を替え品を替え、僕の退団を阻止しようとする。長期戦になり何度もお宅に通った。といってもいつも雑談になり、笑い転げ、最後に「ところであの件だけど」となる。三カ月ほどかけ、やっとお許しを頂いた。その心遣いがありがたかった。

めでたく（といっていいかどうか）退団、劇作家清水邦夫、女優松本典子夫妻と芝居作りをすることになる。松本さんは俳優座養成所の同期生で、卒業後もお互いの活動が気になっていたという間柄。

清水さんの書き下ろす出来たての戯曲を上演する楽しさは格別なものだった。あの時期、芝居以外でもわれわれ三人は毎日のように会って、酒を飲んで大笑いしたり。

公演を二回、観客動員もうまく行き順調だったのだが、いつの間にか疎遠になってしまった。その理由がどうもよくわからない。たぶん清水夫妻の方に何か事情があったのだろう。僕以外の俳優と組みたくなったのか。二人とも他界してしまった今、あの愉快な日々の記憶だけが残っている。

こうして思い返していると、当時の努くんはずいぶん熱く芝居に入れ込んでいたようだが、案外のんびりゆったりした時間もあった。

群馬の山奥に小さな小屋を建て、暇を作っては家族と一緒にそこで過ごした。本当に山の中の一軒家で、食料の調達も車で三十分ほど行かなければ店がない。

上の娘は今もソーセージの焼ける匂いでお山の家を思い出すと言う。そういえばよくバーベキューをした。次女はハンモックと橇《そり》、僕は暖炉の火熾《おこ》し。そんな暮らしだった。ときどき現れて薪や野菜をプレゼントしてくれる地元のおじいさん。

二十年余り小屋に通い、娘たちとスケジュールが合わなくなったこともあって手放した。後になってあれはあのままにしておくべきだったと大いに悔やんだ。二人の娘もあの小屋には特別な想いがあるらしい。

長女が、嫁に行く何日か前、「家族みんなでお山の家に会いにいきたい」と言い出し、出かけたことがある。少し黒ずんだ家を娘は長い間見つめ、動かなかった。家がわれわれに語りかけてくるような気がした。「しばらく。元気？　こっちはだいぶガタがきたけどなんとかやってるよ。どうしておいてっちゃったんだ、さみしいよ。また一緒に暮らしたいね。お互いもう少し歳をとったらまた一緒に楽しくやろうよ。そうか、あのチビだった子が結婚か。おめでとう。よく来てくれたね。みんな元気でな、こっちもがんばるよ」。

この山での生活が僕にとって特別のものだったとそのとき気付いた。大勢の人と揉み合う俳優業を続けるためにはやはりこの隠れ家は必要であったのかもしれない。娘たちはその後もときどきお山の家を眺めに行っていたようだ。

映画『夜叉ヶ池』『影武者』『スローなブギにしてくれ』、テレビドラマ『ザ・商社』『早春スケッチブック』はこの頃の作品である。多くの個性的な人たちと出会った。

演出家と

『ザ・商社』の演出家和田勉さんはテレビ業界の名物男で、クセのあるマイペースな人と聞いていた。和田さんも僕の噂を入手していたようで、山﨑は気難しくて怒りっぽいらしいがそこがこの役には必要なので配役した、とどこかに書いていた。周りの人は僕らの衝突を心配したようだがわれわれは初めから呼吸が合い、快適な撮影となった。以来十数年、和田作品には毎回出演することになる。

和田さんの仕事は早い。いつも予定より二時間は巻いて（早く）終わる。NGが無いからだ。俳優が途中で演技をやめるか、カメラや照明などが故障するか以外はすべて一発OK。スタッフ、キャストが自分の出来に不満足で浮かぬ顔をしていても、破顔一笑、地団駄を踏むようにして「OK、OK、OK――！」と叫ぶ。演技の一回性を大切にしていたのだ。

あるとき、ソファに坐って静かに会話しているシーンで僕が出し抜けに立ち上がったことがあった。クローズアップだったからカメラが追いきれない。画面一瞬空白、あわてて捕まえわずかにぶれるというショットになった。それでも「OK！」。カメラマンが「いくら何でももう一度」と進言するが「いいじゃない、突然動く激しさがよく出てたよ、OK！」

「早く早く、急がなければ。腐ってしまう」というせりふがあった。スーパーの店主を主人公にした『価格破壊』というドラマで城山三郎原作、ダイエーの中内㓛がモデル。安売りをするため自分から魚の仕入れに駆け回る件《くだ》りだった。思えば和田勉演出のモットーはこれ、「急がなければ。腐ってしまう」であったのだろう。

俳優の演技は生《なま》ものである。早く切り取らなければ腐ってしまうのだ。演劇の一回性を意識していたのかもしれない。

そして和田さんは亡くなるときも「早く早く」を貫いたのか、がんに罹《かか》っても痛み止めを打つだけで治療は受けなかったと聞く。潔い人だった。

映画『夜叉ヶ池』の篠田正浩監督、むろん『影武者』の黒澤明さん、『スローなブギにしてくれ』のパキさんこと藤田敏八監督には各々たくさんの教えを受けた。パキさんとは、僕がモデルになった絵の展覧会で会ったのが最後になった。会場の長椅子に並んで腰かけ、特に話題もなく、「また一緒にやりたいなあ」「うん」「またやりたいなあ」「やろう」を繰り返した。長い間。「じゃまた」と去っていった彼のレインコート姿が目に焼きついている。離れて見ていた鈴木八朗画伯が「お二人ともいい感じでしたよ」と微笑した。そのときの絵を見るたびに思い出す。

舞台のほうは開店休業状態。とにかく演出家を見つけなければならない。よし、ここでテリー（畏友テレンス・ナップ）の力を借りよう、演出を依頼しよう、と覚悟した。

前にも記したようにテリーとは僕が三十歳のときに出会い、以来彼が昇天するまでの五十二年間親しく付き合うことになるのだが、当時僕は一緒に仕事をすることは避けていた。演劇的育ちの違う西洋の演出家とうまく呼吸を合わす自信がなかった。『ドン・ジュアン』（フランスのジャン・メルキュール演出）での失敗があったからだと思う。

そのころテリーはロンドンを離れ、ハワイ大学で教えていた。休暇によく来日し、劇団「雲」で演出をしたりして相変わらず楽しそうだった。正直、お互い一緒に仕事がしたくてうずうずしていた。「演出してくれないか」「もちろんいいよ。決心したんだな、やっと。待ってたよ」

ヒー・イズ・マイ・フレンド

テレンス・ナップについての思い出はきりがないほどある。

英国には芝居見物で何度か通ったが、最初に行ったのが五十年余り前、まだテリーはハワイに移る前でロンドンにいた。空港に出迎え、宿も用意してくれていた。チェルシーという閑静な住宅地にある心地よいフラットで、金モールをつけた制服姿の守衛のいる古風な建物、持ち主の友人は旅行中らしかった。入るなり彼は掃除を始める。「彼女は有能だけど整頓は苦手なようだ」と呟きながら手際よく片付ける。風邪気味の僕に砂糖入りのホットウイスキーを作ってくれたり。観劇の手配も全て任せた。ソールドアウトの劇場でも窓口のおばさんが彼の顔を見て「はーいテリー、どうしてる？」と笑顔、手持ちのチケットを出してくれる。俳優仲間も紹介してくれた。ジュディ・デンチさんに会ったのもこのときである。ハスキーボイスのきびきびしたおチビさん（その後彼女の演技には大いに啓発されることになるのだが）。

チケット係も俳優たちも、誰もがテリーに会うととろけるような柔らかな表情になるのが不思議だった。実際、日本でも同じ現象が起きていた。わが家に泊まり朝食を済ませ、連れ立って散歩に出る。近所の主婦がゴミ出しをしたり道路を掃いたりしている。テリーが「オハヨウゴザイマス」と声をかける。女性たちはお年寄りも若奥さんも年齢に関係なくにっこりととろけてしまうのだ。一日が何気ない笑顔で始まるなんて素晴らしいじゃないか。僕も真似をしたがダメだった。努くんが笑ってみせると相手はストーカーを見るような警戒する目になってしまう。

ロンドン塔での出来事も忘れられない。地下の何やら由緒のありそうな教会に入って行くと司祭が説教している。まずかったかなと思いながら展示物などを見ていると突然司祭が「そこの者！」と怒り出した。威厳のある演説口調でしつこくまくし立てる。謝るしかない。混乱した頭で下手な英文を組み立てていると、傍らのテリーがゆっくり歩み出た。背すじを伸ばし両手を腰に、豊かな声量と美しい抑揚で「彼はジャパニーズジェントルマンである。われわれの習慣を知らなくて当然ではないか」と謳い上げた。優れた舞台俳優の鍛えられた声が教会内に響き渡った。熱くなった中年の司祭はますます昂奮し、叫ぶ。眉毛の濃い馬面。応酬はかなり長く続いた。五十人ほどの信者たちはテニスのラリーを見るように前に後ろに首を振る。やがて俳優が短く沈黙、そして柔らかな中高音で静かに「ヒー　イズ（ひと間とり、囁くように）マイ　フレンド」。相手は絶句し、目を落とし、静かになった。あの旅ではずいぶんたくさんの芝居を観たがわが友のこのパフォーマンスに優る演技には出会わなかった。

この楽しい旅から間もなくして彼はハワイに渡った。英国人には国を離れ海外に進出する気質があるらしい。どんな事情があったのか詳しくは知らないが、僕が演出を依頼したときはもうハワイの住人だった。

手紙のやりとりで下準備。演目はジェームズ・ゴールドマンの『冬のライオン』、十二世紀のイングランド国王の話で相手役は岸田今日子さん。今日ちゃん快諾。

黒は白く

テレンス・ナップ演出で『冬のライオン』の上演を決めたもののその準備は思った以上に大変だった。劇場探し、スタッフ・キャストの編成、全て一人でやらなければならない。清水邦夫、松本典子夫妻と組んだ二本の公演では三人で助け合ったが今回は孤立無援である。困難は覚悟の上で退団したとはいえ、さてどこから手をつけたらいいか。

そんなある日、共演者の岸田今日子さんの所属する「演劇集団『円』」から相談したいことがあると連絡があった。そして現れたのが「円」の代表仲谷昇さん。「雲」で同じ釜の飯を食った先輩で、僕らの結婚式では仲人も引き受けてくれた恩義ある人だ。

仲谷さんは「今回の『冬のライオン』はうちの『円』の公演としてやってくれないか、今日子も共演することだし、ヤマ（山﨑）さんは客演ということで」と提案してきた。渡りに舟、僕はこの芝居がやれればそれでいいのだ。即承諾した。仲谷さんは僕の苦境を察して援助してくれたのかもしれない。

テリー演出は見事だった。新鮮で刺戟《しげき》的な演出プラン、俳優へのアドバイス、どれも深く豊かなのだ。近ごろは演出家のトリッキーな思いつきだけが目立つ舞台がはやっているようだが、演劇表現は俳優＝人間に収斂《しゅうれん》されなければならない。もっと言えば俳優の芸＝芸の披露も邪魔である。劇中の人物が生き生きとそこにいる、となるべきなのだ。テレンス・ナップの演出が豊かで品格があるのはその演劇の王道を外していないからだと思う。戯曲の解釈もまことに鮮やか。

「おいヤマ、お前オリヴィエに教わったこと忘れたのか。黒は白く白は黒く、だ」

稽古中のテリーのアドバイス、ダメ出しだ。

四面楚歌のヘンリー二世がひとり嘆く場面の沈痛な長ぜりふ。おれに味方する奴は誰もいない、あいつとはこんなことがあった、あの男とはこんな仲だった、だが裏切られた、どいつもこいつも恥知らずだ、おれには味方がいない、誰もいない――。これを陰鬱に延々と続けてもおもしろくない。淡々と、ときには明るく、冗談めかして語り、そして最後のひと言だけを悲痛に絶叫してひっくり返す。「誰もいなーい！」と腹の底から。

グッドアイデアだ。オリヴィエとはあのローレンス・オリヴィエのことである。テリーにとっては師匠かもしれないが僕は会ったこともない。共に学んだという彼の錯覚はわれわれの仲間意識から生じたものだろう。あるいはテリーの意図した仕掛けだったか、それはどっちでもいい。

「黒は白く――」はどこの国のどんな俳優でも心得ている。格別目新しいことではない。だがテリーのイメージするそれは非常に強烈だった。

日本の俳優は沈痛な嘆きを明るく表現するとき、実は辛いのだが心して明るくふるまっているのですよというニュアンスがどこかに滲《にじ》む。どこかにグレーが交じる。オリヴィエ＝テリーは乾いている。まったくの白なのだ。完全に観客の意表をつき騙すのだ。オリヴィエは幕開き前の袖で「Ｆｕｃｋ ｙｏｕ！」と客席に指を突き立てるそうだ。戦いである。騙し、やっつけるのだ。日本的演技者はなべて観客と世界を共有し、その快感に身を浸すというところがある。どちらがいい悪いではない。ただ僕は「Ｆｕｃｋ ｙｏｕ！」タイプが好きだ。より劇的、人間的でおもしろいと思う。

物忘れ、好きな役

映画、テレビの仕事も楽しかった。

寺山修司監督の映画『さらば箱舟』は沖縄オールロケ。記憶を喪失するシーンがあった。戸、柄杓《ひしゃく》、甕《かめ》などと半紙に墨書《ぼくしょ》してどんどん貼りつけていく。やがて家の中がその紙片でいっぱいになり、それが風に靡《なび》くと不思議な、美しい風景になる。

字は僕が書いた。昼休みにせっせとお習字していると寺山さんが寄ってきて、「ぼくも書きたい」と言う。僕は「俺」と書いていた。寺山さんは「友人」と書いてそれを掲げ二人で並んで写真を撮った。ポラロイドカメラだったからか、しばらくすると画面がまだらに薄れ、俺の顔が消えかけ友人がくっきり残った。これはこれでおもしろかったので大事にしていたのだが、もうどこを探しても見当たらない。

近年、努くんも物忘れがひどくなり、暮らしに必要な書類等はすべて壁にピンナップしている。どこに収めたかわからなくなってしまうのだ。何となく部屋を眺め、沖縄での撮影や寺山さんを思い出すことがある。

山田太一脚本のテレビドラマ『早春スケッチブック』もこのころの作品で、充実した現場だった（寺山さんがこのドラマのオンエアーを見てよく電話してきた。山田、寺山さんは若いときからの友人なのだそうだ）。

町の信用金庫に勤める平凡な男の一家がある。大学受験を控えた息子は妻の連れ子、その妹は夫の連れ子。ときどきぎくしゃくしても、各々が知恵を働かせ、より慈しみ合うことで和やかに過ごしている。この四人のような関係がもっともっと鍛えられ、そして家の外に発展していったら新しい共同体が生まれるかもしれない。そう思わせるような家族。

そこに突然、息子の実の父が現れ、彼らの平穏な生き方を罵倒する。この男は死病に侵されている。

「お前らは、骨の髄まで、ありきたりだ」「病気はなおしゃいいのか？　長生きはすりゃあするほどいいのか？　長生きしたって、なんにもならねえ奴はいくらでもいる」「ただ飯を食らい、予定をこなし、習慣ばかりで一日を埋め、下らねえ自分を軽蔑することも出来ず、俺が生きてて何が悪いとひらき直り、魂には一ワットの光もねえ。そんな奴が長生きしたって、なんになる」

治療も拒否し、最期にはありきたりな人々を讃えながら死んでいく男。それが僕の役。

これまで多くの役に扮してきたが、『早春――』のこの男「沢田竜彦」は最も好きなキャラクターの一つである。もう一つ、同じように気に入った役があって、これは舞台で演じたピランデルロ作『ヘンリー四世』の主人公。自分が十一世紀のドイツ皇帝ヘンリー（ハインリッヒ）四世と思い込んでしまっている精神異常者。戯曲の登場人物表には「……（ヘンリーⅣ）」とだけあり名前は与えられていない。

思えばこの二人、竜彦と名なし男には共通したところがあるような気がする。

世間に背を向けて蟄居《ちっきょ》し、訪問者を俗物と蔑《さげす》み、毒づく。孤独でどこか子供っぽい感じの中年男。なんとなく似たような匂いがある。「名なし男」については後で詳しく書くことにしよう。

このドラマ以降、山田さんからの出演依頼には無条件で応えることにしている。女装が趣味の厳《いか》めしい政界のボス役。クレオパトラのようなアイラインを引き、頬紅、口紅。そのメイクのまま角栄さんのように顎を突き出しダミ声で喋りまくる。撮影スタッフは笑いを堪えるのに必死なのだが自分ではその可笑《おか》しさがわからないという奇妙な体験をした。民謡の好きなスーパーの店主役もあった。キンキラキンの着物で〽やーれんそーらん、と歌い上げた。太一さんは楽しんで書いていた感じ。今も次の役は？　と待っている。

※山田太一さんは二〇二三年十一月二十九日に死去され、この願いは叶わなくなった。

なんという男だ

『建築家とアッシリア皇帝』の再演、映画『お葬式』、舞台『ピサロ』、映画に戻り『タンポポ』、また舞台で『コリオレイナス』と四十代後半もフル回転。和田勉ドラマ『脱兎のごとく』でインド・カルカッタ（コルカタ）に、CMの仕事でカナダにも行っている。このころも怠け者の努くんとしては信じられない忙しさである。

『ピサロ』では若いすべすべのルーキー渡辺謙が輝いた。彼はわれわれの草野球チームのメンバーでもあったが、エラーをしても自ら「ドンマイドンマイ！」と叫ぶあきれるほど積極的な奴。これからも果敢に突進しておくれ。

敬愛する先輩小池朝雄さんが他界したのもこのとき。奥さんのOちゃんから「もう長いことないから」と連絡があり病院に見舞った。痩せ細った浴衣姿で「どうしてわかった」と呟いた。自分の病状を内緒にしていたのだ。話すことがない。二人で相撲のテレビ中継を黙って見た。エレベーターの内と外で正対、「じゃあ」「じゃあな」と別れた。ドアが左右から迫り、小池さんの姿が消えた。

伊丹十三初監督映画『お葬式』の現場は実に爽やかで、しかも独特の熱気があった。彼とは同じ映画に何度か出演し、「おもしろい作品に出たいなあ」「やりたい役が来ないねえ」とぼやき合うことから知り合いになった。

俳優伊丹十三は扮装が好きで、メガネや髪型に凝ったり、肉布団を使って太ってみせたりするタイプ。僕は気持ちでキャラクターに入り込む方でメイクなどあまりしない。スタイルは違うが、演技についての志向は共通するところがあった。彼の「スクリーンの中で役の人物として生きるためには俳優としては死ななきゃならん」という持論は、僕の、俳優も演出、戯曲も消えなければいけない、演技や演出が悪目立ちするのは下品だという考えと一致していた。「役者」ではなく「俳優」と呼称することにも好感を持った。役者と名乗れるのは能、狂言、歌舞伎の古典芸能に携わる人たちで、我々ごときはせいぜい俳優、それでもちょっと恥ずかしい。

『「お葬式」日記』（文藝春秋）という伊丹さんの著書にこんな一節がある。「（俳優は）百パーセント成功してストレスを吐き出すということはありえず、どんなにうまくやっていてもその姿は自分には見えず、次第にストレスがたまってくるというすっきりせぬ職業ゆえに『ほめられる』ことが唯一の慰めなのである」。その姿は自分には見えず、とはいかにも伊丹さんらしい。これは僕と少し違う。舞台の上で、カメラの前で、心身ともに解放され、前後左右どこへ行ってもいい、何を喋っても喋らなくてもOK、といった自由な状態になるときがある。この快感は何物にも代え難い。ストレスなどたまろうはずがない。むろん喝采が無ければただの独りよがりになってしまうのだが。

それはともかく、『お葬式』の撮影は快適だった。何より初めてとは思えぬ伊丹監督の鮮やかな演出。演技者への注文、カメラワークの指示、全てに感服。いつも上機嫌、頭を抱えて悩む姿も迷いを楽しんでいるように見える。「おもしろいものがないのなら自分で作ればいいんだ」と決意して以来、資金集めやらなにやら、ずいぶんと苦労があったはずである。湯河原の彼の自宅をロケセットとして使った。彼の実体験を素材にした映画だから同じ場所で撮ることには彼なりの意図があったのだろうが、それにしても生活の場を明け渡すのだから大変なことだったと思う。何もかも作品に注ぎ込む覚悟があったのだ。

監督業は苛酷な労働を強いられる。撮影が進むにつれ、目に見えて痩せていくのが心配だった。体調を訊くと、酒を断ち、必要最低限の食事しか摂らないことにしているのだと言う。「こんな楽しいことをやれるんだから何か自分に課さないとね」とにっこり。

完成後も宣伝用チラシを一人で作り、『お葬式』は大ヒット。成功物語は完璧に仕上がった。なんという男だ。

名なしの男

伊丹映画『お葬式』は大ヒットし社会現象にまでなった。葬儀屋は活気づき、葬式に趣向を凝らすようになる(のちに滝田洋二郎監督の映画『おくりびと』に出演し、これもヒットした。あの遺体を扱う仕事もこのブームのときから盛んになったものらしい)。

映画・テレビ出演と並行して舞台公演も年一本のペースを目指して行っていた。結局『冬のライオン』以降、十三年間に十一本という結果に終わったが、それにしても今の努くんには考えられないハードワークである。数をこなせばいいというものでもないが、そのパワーには改めてびっくり。四十代五十代は元気だったなあと思う。

演出をしてくれた高橋昌也、テレンス・ナップの両氏には感謝しかない。制作の諸々に関してパルコ劇場のお世話になったことも忘れられない。稽古場、本番での失敗、成功、そのときの相手役の表情も限りなく浮かんできて、この記憶は僕の宝である。

テリー（テレンス・ナップ）から、ピランデルロ作『ヘンリー四世』上演の提案があったのは五十四歳のとき。

演じてみたいと思う役が僕にはない。配役されてからその人物との付き合いが始まる。しかし、頭の隅に何となく気になるキャラクターがいくつかある。「ヘンリー四世」はそのなかの一つだった。

——仮装行列で十一世紀のドイツ皇帝ヘンリー四世に扮した若者が落馬して頭を打ち、以来自分をヘンリー本人と思い込んでしまうという話である。長い時が過ぎ、男は中年になっている。そこへかつての恋人と恋敵が訪ねてくる。男のヘンリーぶり、さらにその狂気が疑わしく思えるような意味ありげなふるまい、とあれこれあった後、実は病はだいぶ前に治っており、それからは狂気を装っていたことが明かされる。そして——。

ミステリ仕立ての構成はよくできているが、さて自分が演じることになって読み直してみるとどうもすっきりしない。正気であることを打ち明けた彼が、現実に背を向けて「ヘンリー」を演じ続けた心境を語る件《くだ》りがこの劇の核心の一つなのだが、それを詳しく説明する彼の存在が信じられない。この男は謎解きのように自身の内面を開陳するほど単純ではないのでは。

　稽古に入る前の打ち合わせで演出のテリーがとんでもないアイデアを出してきた。

「お前の違和感はストライキングだ。おれもそう思う。そこでおれは考えた。この男を多重人格と設定したらどうか。こいつはヘンリー四世のふりをしているのではない。つまり狂人のふりをしているのではない。本当にヘンリーになってしまっているんだ。正気に戻ったのは病気が治ったからではない。別の理知的な人格が新しく一つ加わったんだ。どちらが虚でどちらが実でもない、シャム双生児のように二つの人格が彼のなかで実在しているということ」

びっくり仰天である。すばらしい！　自分は常に正常と信じる我々の意識を土台から揺さぶる！　『ヘンリー四世』は百年余り前に書かれた作品だが、これまでこの主人公を多重人格として演じたことがあったのだろうか。ちなみに作者の書いた登場人物表にはこの役は「……」と表記されているようだ。名なし男。テリーと僕はこの男を「エンリコ」と呼ぶことにした。

エンリコ

『ヘンリー四世』上演の準備。演出のテリーとの戯曲検討には存分に時間をかけた。

作者のピランデルロは、自分を「ヘンリー四世」と思い込んでしまったこの劇の主人公に名前を与えなかった。テリーと僕は彼を「エンリコ」と呼び、多重人格者として演じることにした。「エンリコとヘンリーはシャム双生児のようなものだ。そこにヤマが加わって三つの人格が自由に出入りするといい」とテリーが言う。稽古が進むにつれ人格はもっと増えるだろう。

コーヒーを飲みながら台本に記されていないサブ・ストーリー、エンリコの少年時代から戯曲が扱っているまでの世界を二人で作った。「父親は、いない」「母に育てられた」「いや姉がいたな」「よくチャンバラをして遊んだ」「北イタリアの古い街だ」。話に詰まると散歩をして気分転換。楽しかった。恋人、恋敵のこと。「あの落馬事故のあと、大雨になったんだ」「テントのなかに寝かされて……」。こんな役作りをしたのは後にも先にもこのときだけ。

多重人格の件は誰にも言わなかった。共演者にも翻訳家を含めたスタッフにも内緒にして自分の胸の内に納めた。どういうわけかこの秘密が演技のエネルギーになった。以来、演技プランの核心は絶対公言しないよう心している。肝心なことは隠す。秘す。この公演で学習したことである。

エンリコからヘンリーへ、ヘンリーからエンリコへ。突然入れ替わる瞬間もあればゆっくり移行するケースもある。あるいは両者が滲んでしまう場合もある。あらかじめ決められたせりふはルールブックとしてあるが、操作するのはヤマザキツトムだ。こいつの人格もあいまいでとらえどころがない。とんでもない作業になった。大切にすべきはエンリコが持っている子供の心だ。

ピランデルロがこんなことを書いている。

「われわれは皆、狂人なのではないか。私はよくそう思うことがある。狂人が愚かであるとは限らない。彼らもわれわれ同様、ものを構築する。その際、われわれの論理がすでに出来上がったものをつなぐセメントであるとすれば、彼らの論理は唾液のようなものである。狂人は唾を使って砂利をまとめ、形をつくるのだ」「子供の頃、統一のとれた性格の持ち主は本当の人間ではない、という考えにとりつかれていた。狂人こそがあるがままの本当の人間の姿なのではないか。狂人はすべての幻想、すべてのパッションを受け入れる。正常と称する人々は、周囲から与えられた仮面のみを受け入れる。そして、そこから逃れることができない。他の役をやるときは別の仮面をつけるしかない。もしすべての仮面をとってしまえば、そこには誰もいない」

戯曲『ヘンリー四世』は、主人公の名なし男（僕らのエンリコ）が俗物の訪問者を剣で刺し、世間に戻ることができなくなり、一人孤独に生きていくことを覚悟するところで終わるのだが、その大詰めの前にエンリコが語るエピソードが美しい。

初冬の公園のベンチで神父が居眠りをしている。暖かな日差しを浴びて、自分が神父だということも、今がいつで、どこにいるのかということも忘れて。きっと夢を見ているのだろう。どんな夢⁉　そこへ悪戯《いたずら》っ児が通りかかり、道端で摘んだ花で彼の首をくすぐる。彼は静かに目を開けた。その目が幸せな夢の続きで、笑っていた。本人は気付いていなかったが……。そして身を正すと、もう生真面目な神父の顔になっていた。着ている服で自分を思い出したのだ。

目覚めたときの無垢の表情、それは子供の顔。

なつかしい大好きな童謡を口ずさむように公園の光景を描写するエンリコ。神父の笑顔は涙が出るほど愛おしかっただろう。エンリコは子供の心を持つ大人だった。

舞台に立つこと

居眠りから目覚めたときの、まだ何の仮面もつけていない無垢な状態。その子供のような心。『ヘンリー四世』の「名なし男（僕らのエンリコ）」は子供がごっこをするように「ヘンリー」と「エンリコ」を行き来した。虚実の区別はない。世間から与えられた仮面を持たない子供といえば三、四歳だろうか。ツトムが幼児のころ、父の肩ごしに見た橋のたもとの狂人の姿、光景を思い出す。

多重人格のエンリコを演じることが楽しかった。大きく翼を拡げて上空を飛ぶ鳥が獲物に向かって急降下、イルカに変身し海に突入、魚をとらえ浮上、空中にジャンプ、と自由自在な姿をイメージした。感情のギアチェンジをすう早く、細かく。カーレースのように敏捷に、ときにはロールスロイスのようにゆったりと。

これまで様々な役を演じてきたがこの「エンリコ」は格別である。僕は自分の葬式はして欲しくないが、どうしてもとなったら遺影にはエンリコに扮した写真を使ってもらいたいと思っている。写真家のアラーキーこと荒木経惟さんに「葬式とか遺影とか、そんなものは家族が決めるんだよ」と言われたことがある。なるほど。だからどうなるかはわからないが。

演技の秘訣は、楽しむこと。『ヘンリー四世』で学んだこの要諦は今も大切にしている。もし諸々の条件で演技を楽しめなかったら、そのときはもう、ああこりゃダメだ、と諦めるしかないのだ。

当時の日記を見ると、準備から本番とエンリコと共に過ごした約二カ月間、ずっと37・2度前後の微熱が続いている。知恵熱だったのだろう。

体調のことでいえば、この公演の数年前から奇妙な症状が起きるようになっていた。

芝居を打ち上げてからの一週間ほどは全くの無為で暮らす。活字中毒だからソファに転がって好きなエッセーの再読くらいはするが、あとはただ食って寝るだけ。ひたすら疲労回復を待つ。ところが夕方になると突如として全身がカーッと熱くなり、じっとしていられなくなる。頭の中も、いきなりスイッチがオンになり神経が走り出す。後頭部にコイルが二つあり、その間を電流が激しく往復する感じ。立ち上がって、叫びながら駆け足足踏み。それが連日。ついに狂ったか、病院に行こう。しばらく苦しんだ末、原因が判明。夕方六時、六時半は開演時間なのだ。一カ月近くの舞台上の昂奮を身体が忘れられなかったのだ。

それからは、千秋楽の翌日から旅行することにした。生活環境を変えると発作がない。身体は思うようにならないものだとひとつ賢くなった。同時に、もう若くないんだなと年齢を意識した。

宇野重吉さんは、衰えた身体で死ぬまで舞台に上がり演技した。中村伸郎さんは、観客が自分の演技に老いを感じたら即座にやめると宣言した。ある批評家が素直に老いを指摘したところで退いた。どちらも立派だったと思う。

さて、自分はどうか。残念ながら僕は中村さんとも宇野さんとも違う。お二人は飄々《ひょうひょう》とした存在感を持った稀有な俳優である。努くんは体力勝負、自由に飛び回ることができなくなったらお手上げと実感していた。スポーツ選手は四十歳前後で引退する。そろそろ努くんも舞台は引くかな、とちらちら頭をよぎる。「エンリコ」を演じた充実感の後遺症かもしれない。

理想の演技

『ヘンリー四世』は僕のキャリアの節目になった。演出のテリーが次に提案してきた演目はオルディス・モリス作の一人芝居『ダミアン神父』だった。これにはとまどった。

十九世紀、ハワイ・モロカイ島に捨ておかれたハンセン病患者たちに寄り添い、自らも感染し四十九歳で殉教した実在人物の話で、無宗教の僕にはアプローチする手がかりがない。その上この『ダミアン神父』はテリーの当たり役、代表作なのだ。全米を巡回しもう何百回も演じており、東京でも二度上演している。

六本木のフランシスカン・チャペル・センターでのパフォーマンスを思い出す。

開演三十分ほど前、僕は化粧道具を持って控室に行った。突然の依頼で何も用意出来ず困っているだろうと思ったのだ。しかし彼はすでに教会のカソックを着て、もうメイクも済ませ、一人寛《くつろ》いでいた。まだらな薄茶色の顔は病に蝕《むしば》まれた感じがよく出ていた。朝食のコーヒーをぬりつけたのだという。そのままの姿で宿泊先から会場まで歩いてきたらしい（役の扮装のまま町をぶらつくのはとても良いエクササイズになる。僕もメイクを落とさずに家に帰り、そのまま過ごすことがよくある）。

フランシスカン・チャペル・センターでの「ダミアン」は、衝撃だった。後部扉からそっと現れ、薄闇の中、俯《うつむ》いたままゆっくり講壇に向かう。それに気付く観客が増える。講壇に上り、独り言のように自分の人生を語り始める。そして叫び、歌い、考え込み、笑い、悲しむ。

準備期間もなかったのだからせりふもうろ憶え、ほとんど即興である。講壇の机にノートが一冊。大まかな筋立てとキーになるせりふが書かれているのだろう。ときどき日記を繰り、思い出を味わうようにしてノートを見る。観客の呼吸は壇上の人物と完全に一致している。「ダミアン」と一緒に全員が聖歌を歌う。テリー＝ダミアンになっている。

戯曲も演出も演技も消えている。自分の理想とする演劇はこれなのだと思った。演者と観客の一体感を何者かに捧げる。そしてこの出来事の記憶は時と共にじわじわと発酵していく。

ということで、僕が改めてこの役を演じることはないと思った。しかし演出家は引かない。お前のダミアンは俺のとは違う、是非それを観たいのだと言う。結局、押し切られた。

「お前のダミアンが観たい」、当たり前のことだがこの言葉が役作りの核になった。「自分なりのやり方で尽くすこと」、それだけ。

一人芝居である。二時間近く喋り続ける。とにかく膨大なせりふを一応は憶えなければならない。稽古に入る直前まで僕は映画『僕らはみんな生きている』のロケでタイにいた。楽しい仕事だったが現地のハードな状況もあってなかなか終わらない。ダミアンの準備ができない。困った。そうだ、テープ作戦だ、せりふをテープに吹き込み、それを撮影の合間に何度も聴く。せりふ憶えは反復しかない。

アユタヤのホテルで吹き込んだテープにはメイドの声、隣室の水洗トイレの音、車のクラクションなど雑音が入っていた。ロケの帰り、バスのシートで窓外を眺めながらイヤホンを差し込む。タイの田舎の風景は美しかった。頭に入ったせりふにはそれらが全部染み込んでいるはず。

稽古は快適だった。とにかく二人だけなのだ。僕が演じテリーが感想を述べる。細部のアドバイス。いつでもどこででもできる。

パニック

一人芝居『ダミアン神父』の稽古は快適だった。演者と演出家、二人だけのやりとりを大いに楽しんだ。

とはいえ調子の悪いときもある。そんな日は「今日は『マリネ』しよう」となる。食材を漬け汁に浸し、放っておく。つまり稽古せずに遊びに行く(この稿を書いている途中、作家の池澤夏樹さんから助言を受けた。頓挫したら無理をせず放っておけ、井戸だよ、と言う。井戸水は汲み干してしまってもしばらく間を置けば湧いてきているさ)。「マリネ」と「井戸」、どちらもサボること。極めて有効。脳が勝手に働いてくれるのだろう。

仕上げは上々のはずであったが、初日の幕開き直前、ひどいパニックに陥った。

メイク着衣を終え、トイレも済ませ、テリーと雑談。彼はいつも初日のお祝いに大根を持ってくる。ダイコン役者の意だ。英国ではハムアクターと言うそうだ。宮ちゃんが来て「五分前」と静かに告げる（宮ちゃん。宮永雄平。昔からの仲間で、当時はもう演出家として自立していたのだが僕らの公演では黒い作業衣を着て舞台監督を務めてくれた。舞台のことは全て熟知。頼れる男だった。彼ももういない）。テリーが「ＥＮＪＯＹ」と微笑し客席に行く。いつも通り一分前、舞台袖に向かう。宮ちゃんが「行ってらっしゃい」とハイタッチで送ってくれる。袖幕に隠れひとりになる。突然頭のなかが真っ白になった。最初のせりふが思い出せない。なんだっけ、なんだっけ。出てこない。腹も痛くなってくる。ダメだ、これは中止だ。出のきっかけ直前、五秒前くらいだろうか、閃《ひらめ》いた。これから舞台に行ってなにかやるのは俺じゃない、ダミアンだ、俺は奴に身体を貸してやるだけだ。ホリゾントに写真で見馴れたダミアンの顔が浮かんだ、ような気がした。おい、あんたが好きなように喋れ、好きなようにやれ。俺は知らん。とたんにパニックが解けた。ゆっくり歩き出す。照明が入るエリアまでの一歩ごとに気楽になっていく。ダミアンは悪戯《いたずら》っ児のようなところがあったからこの出来事も彼の仕業だったのだろう（終演後テリーに話すと、「またやったか。おれのときもいろいろあった」と笑い、天に向かって「静かにしろ！」と真顔で叫んだ）。子供のころのこと、ハワイに渡り、教会や司教との軋轢《あつれき》、ハンセン病患者たちとの暮らし、魂となって帰郷、と語り演じるなかでたくさんの人物、相手役が出てくる。虚空にその人々をイメージし、対する。僕は知人友人を総動員してそれぞれをモデルにしたのだが、ただ一人、兄の役だけが見つからず、のっぺらぼうの顔と会話した。不思議というか案の定というか、兄の姿が見えない、と指摘された。それも三人から。なるほどなあ、やはり、やはり、演じたふりは見抜かれるのだと反省。貴重なことを教えられた。ごまかしはごまかし。

『ダミアン神父』は再演をして地方も廻った。久しぶりの巡業は愉快だったが妙なことがあった。

広大な水田のなかにぽつんと超近代的劇場が建っている。降るような蛙の鳴き声。狐につままれたようである。どこからか現れた人々で五百ほどの客席が埋められた。しかし皆、居眠り。農作業で疲れているのだ。宮ちゃんが頭を抱え、翌日は幕開き前に劇の筋を説明するナレーションを流すことにしたが効果なし。あれは何だったんだろう。どんな仕掛けがあってあの人たちはピカピカの劇場に集まったのだろう。観客が眠ってしまったのは僕の力が足りなかったからなのかな。でも、あそこは水田のままのほうがいいよ。美しいよ。

最後の舞台

『リア王』は新国立劇場開場記念公演だった。

芸術監督の渡辺浩子さんからオファーがあったのが公演の二年余り前、僕は出来る限りの丁重を心掛けお断りした。国立という晴れがましい場に関わることに抵抗があったのだ。自分はこれまで世間の隅の方でしこしこと芝居をしてきた。それでよかった。僕の演技は血税を使って堂々と披露するようなものではない。渡辺さんは古くからの友人だから了解してもらえると思ったが、そうは行かなかった。「そんな個人的なことより、今、演劇のために頑張らないといけないのよ」と引かない。その懸命な姿に見とれているうちにいつの間にか承知してしまった。かくなる上は全力投球するしかないと覚悟。

おもしろい出来事があった。われわれの稽古は、先ず机について台本を読み合わせる作業から始まる。それぞれ独習してきた成果がありキャラクターの輪郭が見える。何日かして大きな役の俳優が欠席し、せりふのない若者が代読した。全くの棒読みで、舌が廻らなかったり読み間違えたりするのだが、力が抜けていて新鮮、説得力があるのだ。役の人物、その心の動きがよくわかる。引き込まれてしまう。これにはびっくり。

役を与えられた俳優は、日々手がかり足がかりを探し、それを頼りに前へ進もうとする。つい、それまでの成果をなぞってしまう。これがいけない。例えばお習字はなぞった瞬間、命を失ってしまう。新しく一気に行かなければダメ。演技も同様。代読の若者は拙《つたな》いながらもまっさらの白紙に何かを書きつけた。勇気を持って投げ出すこと。守ってはいけない。

白紙にリセットする、これが大事だと思う。シャーロック・ホームズが名探偵だったのは警察のような既成の捜査方法を知らなかったからだというアマチュア論がある。シロウトには専門家にはない自由さがある。だから僕はプロになりたくない。長く仕事をしていればなにがしかの技術が身に付く。でもそれは舟底に付着した貝殻みたいなもの、がりがりと削ぎ落とそう。余計な猿知恵猿芸は捨て裸でいこう。すっぽんぽんで最後の挑戦をしよう。

実は、僕はこの『リア王』で舞台出演をやめることにしていた。僕の目指すホームズ的素人演技は身体勝負。体力がなくなれば瞬発力、反射神経も衰える、そんな演技はしたくない。舞台は長距離走、スタミナが要る。映画・テレビはカメラの前での短距離レースだ。映像の方が楽しめる。

「リア」を引き受けてからの二年余りはやはり長かった。準備の間に長女が嫁ぎ、稽古開始のころには孫ができていた。

親子の関係は老王リアにとって重いテーマの一つである。ことに末娘（コーディリア）への情愛は深い。計らずもではあったが、初孫の誕生には刺戟《しげき》を受けた。以下はその日の日記を書き移したもの。

——大安。午後三時三十九分、Y（長女）女児出産。Yが生まれた時は『ドン・ジュアン』を上演中だった。三十歳だった。今、六十歳で『リア王』。一巡りだ。Yの母親ぶり。腕の中にしっかり抱き込んだ赤子に囁きかけている。「大変だったねえ、一緒に電車に乗って会社に行ってくれたし、あちこち行かされたねえ。ありがとう。もう、なぁんにも心配ないよ、なぁんにも心配ない」。涙止まらず――。

その赤子が今年四月に就職し、親元を離れた。

老い

あれこれ努くんの履歴を綴ってきたが、最後の舞台『リア王』以降は現在の暮らしと地続きの感じである。

自分から少し離れ、体験した光景を眺めるよう心掛けた。しかしこの辺りからそのスタンスがとり難い。おもしろがることができない。相変わらず俳優業を楽しんでいる、としておこう。

「私の読書日記」という書評の仕事を与えられたのは僕にとって大きな出来事だった。突然の依頼に最初は戸惑った。さして作文の経験もない。しかも無期限の雑誌連載だという。無茶な話だ。しかし相手は、大丈夫、出来ますと悠然。この人は以前僕の書いた『俳優のノート』を文庫にしてくれていた。きっと何がしかの思惑があるのだろうと欲が出て決行となり、結果、連載は七年続けることができた。七十の手習い。これは努くんを大きく揺すってくれた。

このころ、もう一つ大事件があった。久しぶりに乗った電車で席を譲られたのだ。

休日の午前だったがかなり混んでいた。つり革にぶら下がっていると、若い娘さんが読んでいた本をバッグに収めながら「どうぞ」と立ち上がった。「……あ、いや」「もうすぐ降りますから」。おれが、席を⁉ 仕方なく坐る。……そうだ、駆け込み乗車で全力疾走をしたので少し息が切れていた、だからだと思いつつ乗り換えた電車もすし詰め。そこでまた「どうぞ」とやられた。やはり若い女性で、この人も本を読んでいた。連れの後輩が笑っている。そうか、そういうことか。受け入れるしかない。

僕の散歩コースの多摩川べりにプレハブの屋台があって、おでん、ラーメンくらいの商いをしていた。暇を持て余した地元の不良おやじたちが常連で、衿元から刺青を覗かせた朗らかな男が長老、川向こうから自転車で通ってくる物静かなおじさんはいつも僕にビールをおごってくれるパトロン。おかみのエッちゃんが「ヤマザキさんきたよぉ」と電話すると駆けつけてくる。

ある午後、ダスターコートにステッキの小柄痩身の老人が川上からふらふらとやってきて目の前で立ち止まった。薄い雲ごしの白い太陽を見上げ「あれは何だ」と何度も呟いている。「……あれは太陽です」「はあ？　あれが太陽ですか。へー。近ごろは異常気象だから……。へえー、あれが太陽ですか」。少し心配になり、どちらから？　と訊くと、顔をしかめて考え込む。弱い声でゆっくりと「ニシコヤマ、です。ここへはよく釣りにきました。二十年ぶりです」。そしてぽつりと「この辺はもう月は出ないでしょうね」と言う。「……いや出ます」「え、出ますか。そうですか。月が出ますか。……きれいでしょうねえ」。夜釣りが好きだった亡父ウノを思い出した。この屋台も今はもうない。

母は九十まで生きた。遺品のなかで印象的だったのが住所録。使い古したよれよれのページにびっしり書き込まれた字が、直しを重ねる度にだんだん大きくなっている。視力の衰えがビジュアルにわかる。○△？等はその人との関係を示す記号。赤線は他界の印。その赤が全体を覆いつくしている。これは当人にしか読めないシンプルな履歴書。

僕はちょっと書き過ぎたようだ。

傍らのソファで老妻がすやすや昼寝をしている。長年の同志。それを横目で見ながら、これでおしまい。

あとがき

出征姿の父の傍《かたわ》らで、日の丸の小旗を持ってニコニコしている僕《ぼく》六歳のときの写真がある。なにがうれしいのか聞いてみたい気になる。

それほど昔でなくとも、過去の自分はもう別の人格ではないかと感じてしまう。そんな思いを抱いてこの回想記を書いた。遠い努くんと近い僕との間を往き来した。

人は皆、与えられた役柄のなかで生きている。この本のタイトルを『「俳優」の肩ごしに』としたのはその意を込めたつもり。

頭に浮かんでくるのは圧倒的に人、人、人。文脈上登場してもらえなかった大切な人物も大勢いる。念が残るが仕方ない。

今、柱時計が鳴った。その辺でやめろと言っているのだろう。

機会と激励を下さった古賀重樹さん、力を貸してくれた皆さん、文中出演の人も含め、ありがとうございました。

二〇二二年九月八日午後四時　努

文庫版あとがき

丹精を込めた庭が完成する。美しい。完璧である。そこに雑草が生えてくる。雑草もきれいだ。

僕の理想の演技はこれ。この場合、雑草はあちらこちらにちらほら、というイメージ。

今年の夏は猛烈な暑さで、わが家の庭は雑草で覆われた。ちらほらどころではない。その迫力に目を見張った。音を立てるように育って行く。

うん、そんな演技がしてみたい。

この本に尽力下さった池澤夏樹、山下澄人、山下智久、小田慶郎、中本克哉各氏に感謝します。

二〇二四年十月十日午前九時　努

特別付録対談

演技と小説が交わるところ

山下澄人（芥川賞作家）×山崎努

山崎　まずはじめに、以前書いたものを朗読させてください。『週刊文春』で連載していた、読書日記の一部を。

山下　ぜひ、お願いします。

もやもや

×月×日

言葉なんかおぼえるんじゃなかった、と嘆いた賢い詩人がいたが、それを言うのも言葉なのだから、しようがない、われらは言葉をおぼえなければならない。何せ世の中言葉でできている。

まだ言葉に置きかえられる以前の、なにかもやもやした気持、あるいは突然湧きあがってくる情動、といったものがある。こうした心の動きは出来立てほやほや故、当然新鮮で、自由で、なかなか刺戟的だ。だがこれらは頭脳の検査の済んでいない無自覚の感情で、危険な部分も多々あるから要注意、無雑作に身を任せるとややこしいことになる。突如素振りが怪しくなり、場合によっては他人につかみかかったり、抱きしめてしまったりしかねない。野山の獣たちならそれもいいがわれわれの社会ではこのような狼藉は許されない。従って日常の暮らしでは、ある時間をかけてこの手の感情をチェックし調整する必要がある。この検閲も言語を使って行うわけだ。

しかし、モノを創る者にとっては「もやもや」「情動」は貴重な現象だ。創作に大事なのは、言葉にならないとりとめのない心象をつかまえてそれを形にする作業である。

本誌五月一六日号の「阿川佐和子のこの人に会いたい」で建築家の伊東豊雄がおもしろいことを言っていた。「建築が建築になる前の、まだ柔らかい状態、そんな前状態の建築をつくりたいとずうっと思ってきました」「そのイメージはいつも雲みたいな、形にならない状態なんです。でも、形にならないと建築にならない」、ですから「いつも最終的には固まってしまう。実に残念」という主旨だった。これはすべての創作に通じる箴言《しんげん》だと思う。

演技中の俳優も伊東と似たような課題に直面することがある。彼のいう「建築になる前の柔らかい形にならないもの」は、演技でいえば先述した「もやもやした気持、いきなり突き上げてくる予期せぬ情動」という前意識の感情に当たる。演技者にはこれを言葉（意味）に整頓する時間がない。その時起きた感情と表現は同時進行している。ややもや、情動をそのままえいやっと放り出すか、やめるか、これが問題なのである。あらかじめのプランを忠実に演じるのはどうもの足りない。あらかじめ決められた瞬間なんて人生にはないからだ。だから即興的一回性は芸のいのちなのだが、同時に俳優には物語を伝えるという大きな役割がある。ところが得てして「ややもや」は突拍子もない調子外れのもので整合性がない。理不尽、逸脱、脱線、この分量が多過ぎると肝心の劇の筋立てを壊してしまうことになる。物語を失《な》くしたら元も子もない、われわれキャラクターの居場所がなくなる。どの辺までの道草がセーフなのか、この一瞬の判断が難しい。

山下澄人の『**ギッちょん**』（文藝春秋）は、そのややもや的出来事の連続が見事に物語として成立している短篇集。

脱線が連発する自在な展開はスリリングで、その上独特の弾みとゆとりがある。筋立てに縛られる窮屈さがない。

表題作の「ギッちょん」は、40を過ぎてホームレスになったり、知り合った女を追いかけてふらふらとアメリカに渡ったり、そうしたらその女がなんと男だったとわかったりと、あまりまともでない「わたし」の生涯を回想する話だが、そのわたしの記憶は脈絡のないばらばらの断片として処理され、時間の流れに関わりなく、62歳から0歳08歳……とアトランダムな数珠つなぎで続いていく。書き手の山下はイメージのなかの人物が勝手に動き回るのを楽しんで記録している感じ。折々に幼馴染のギッちょんがからむ。

冒頭のシーンがいい。全部引用したいが少し要約する。

07歳のわたしは港のはしで父と釣りをしている。左に製鉄所が見えて右に父がいる。魚がひいて釣竿が海に落ちた。「仕掛けの先にはサバがいた。思うように動けなくなったサバの心臓は動きが悪くなりはじめていた」「わたしは身を乗り出した。岸壁のへりにいたカニの目に、真上にあらわれたわたしがうつった」「赤いビー玉が頭の中に見えた。それはギッちょんにハゲ山にある基地でもらった。わたしはそれを三面鏡の引き出しにしまってある」。わたしは三面鏡に落書きをしたことがある。「落書きは母が消した。何を落書きしたかは忘れた。サバの心臓は止まりかけていた。間もなく止まる。カニにはもうわたしは見えていない。いつの間にか太陽とわたしの間に雲があった。わたしのずっと地下では動いていないともいえる速度で岩盤が動いていて、その岩盤のわたしからずっと遠くのはしのそのはるか上の山のふもとで、犬の子が五匹生まれた」。

泡のようにそのとき心に浮かんだ記憶しか書かれていない。しかもどれも全てビジュアルな点描、風景の羅列である。よけいな意味づけはされていない。

　われわれの人格のあらかたは、記憶の積み重ねでつくられているような気がする。その記憶の真偽がどうもあいまいであることは僕もうすうす気付いているが、それについてのおもしろい件《くだ》りがある。

07歳のわたしが寺だか神社だかでギッちょんと遊んでいる。しかし実際にわたしがここへきたのは別のやつとで、そいつと友だちになったのは中学に入ってからだ。今じゃなくもっと後のことだ。わたしはだからここへはギッちょんときていない。これは違う。

「ギッちょん」わたしは質《ただ》す。「なに」「これちゃう」「なにが」「ギッちょんとここきてないよ」「なんで」「ここ一緒にきたんオオワダとや」「オオワダて誰」「中学のときにできるともだち」——。

……とするとギッちょんはいないことになる。では今ここにいる「わたし」は……。

　併録の「水の音しかしない」はもっともやもやした物語だ。主人公の「わたし」はしきりに呟く。——もしかして全部が夢なのか。「何もかもが意味なく交錯し過ぎてやしないか」と怒りが込み上げて来る。「何だよこれ」。

わたしは動物園に行く。どの動物もわたしのことなど眼中にない。動物たちは音をたてない。わたしたちだけが音をたてる。わたしたちもかつては音をたてなかった。人間になったとたん音をたてるようになった。わたしは彼らの真似をして音をたてないように歩いてみる。

たしかにわたしたちはワイワイガヤガヤ、動物に比べひどく騒々しい。やっぱり賢い詩人の嘆きは正しいのかもしれない。「わたし」に倣って一時《いっとき》静かにしてみよう。

×月×日
人間は自分たちがおもっているほど偉くはない、と福岡伸一が『生命の逆襲』（朝日新聞出版）で教えてくれている。
山下の「水の音しかしない」に、妻が女性か男性か判らなくなり夫が混乱するというエピソードがある。もともと男は女を改造して無理にでっち上げられたものであることはなにかの本で知っていたから、そんなこともあるだろうとおもしろかった。
女から男への改造は、受精卵の染色体を組みかえて行われるらしいが、この説明は専門的すぎて正直いま一つピンとこない。福岡がずばり分かり易く実証してくれる。

男性器の裏側にある縫い目のような線、それが転換改造の証拠なのだそうだ。それは本来あった女性器を男性化のプロセスで綴じ合わせた痕跡だという。これには驚いた。苦心して手鏡で確認してみたが、僕に限っては、摩滅したのか、あるようなないような。

カタツムリは雌雄同体で性別がない。ではどのようにして子孫を残すのか。二匹がすり寄り、陰茎を伸ばして互いに相手の生殖孔に差し込み、双方共に妊娠する、とある。すごい。ヒトより進んでいるように思える。けど、カタツムリ式だとどんな家族構成になるのか、頭がこんがらかる。（『柔らかな犀の角』文庫版より）

山﨑　以上、基調朗読でした。

山下　感動しました。今日は対談の機会をいただけて光栄です。

情動を捕まえる演技

山﨑　山下さんとは一度、演出家の森田雄三の葬式で会ってるよね。

山下　はい。一度。あのときはコメディアンの小松政夫さんもいらしてて。

山崎　そうだそうだ。いたね、小松さんも。

山下　山﨑さん、小松さん、僕の三人で座らされて、何も喋れずにいました。ただ、じっと黙っていた記憶があります。

山﨑　いや、ちょっと違うよ。あのとき葬式で森田の家に行ったら、キーコ（妻の森田清子氏）が、山下さん二階に来てるよって言ったわけ。えっ、いるの？って驚いてさ。俺、前に読書日記の連載をやってたとき、山下さんの本について書いたことあったから、すごく興味あったの。どういう男なのかって。だから、キーコに紹介してもらったんだよ。そしたら、一言も喋らない。俺の顔も見ない。この人、横顔に自信があるのかなと（笑）。しょうがないから、僕、あなたの本について書いたんですけど、って話しかけた。俺の書評が気に入らなかったのかと思ってね。でも、知らんぷり。

山下　そんなつもりはもちろんなかったんですが、緊張して喋れなくなってたんです（笑）。僕、緊張して喋らないやつ大嫌いなんですけどね。

山﨑　だけど、あとでわかったよ。山下さんの『君たちはしかし再び来い』に野球を観に行ったたっていうエピソードが出てくるじゃない？　野球を観ながらずっと自分だけが無表情だったたって。あそこを読んだら、半分くらいは理解できた。なぜ山下さんがあのとき俺のことを相手にしてくれなかったのかがね。あとの半分は、やはり書評のせいかと。

山下　書評はめちゃくちゃ嬉しかったんです！　改めて、ありがとうございました。僕は昔から山崎さんのファンです。ずっと山崎さんの出てらした作品を見てきました。で、これは山崎さんにお聞きしたいことの一つ目なんですが、山崎さんはどうやって演技されてるんですか？　超漠然とした質問すぎますが。つまり、山崎さんはいつの時も、全部、先手を取ってるように見えるんです。後手にならない演技っていうか。

山崎　ということは、テレフォンパンチになってないってことかな。パンチの動作が遅れてないと。

山下　そうです。始動がわからない。簡単にいうとセリフを言う前に息を吸わない。あれは意識されていたりするんですか？

山崎　テレフォンパンチみたいに客に先取りされちゃうと、演技は死んじゃうんだな。さっき朗読した文章にもあったけど、情動というのは突然出てくるものなんだ。だから客もびっくりするし、同時にどっかで自分も驚いてる。そういうふうにやりたいなとは思ってるんだよね。だから、テレフォンパンチになってないというのは、俺にとって最大の褒め言葉だね。

山下　となると、演じている最中にバッと出てきたものを、山崎さんはその瞬間に捕まえてるってことですね。わざと呼び起こしたら、それは自分の内で湧き起こったものではないというか。準備がある。来たら捕まえる。その状態を維持する。そのためには余白、と言うのか、が必要なわけで、山﨑さんはそれを演じる前に必ず作っているように見えます。

山﨑　その塩梅《あんばい》がすごく難しいんだよね。もちろん事前にキャラクターの設計はする。でも、現場に行ったら、劇場でも、カメラの前でも、その時々でまた違う気分の自分がいるわけ。相手役の反応だって想定通りにはいかないし、晴れてるのか、曇ってるのか、風が吹くのか、そのときになってみないとわからない。全てはその瞬間に起きるわけで、そのとき、自分のなかから湧き上がってくるものを大事にしたいなと思ってるんだ。ただ、それをやり過ぎると物語から逸脱しちゃうわけだよね。物語っていうのはキャラクターの居場所だから、それがなくなってしまうと死んでしまう。そこのところの微妙な匙加減を見極めるのが難しい。それはあなたの小説にも通じるところで、だからすごく面白いと思った。

山下　僕の場合、波乗りみたいにその瞬間に乗っかるって感じなんです。しかも乗り切るんじゃなくて、びゅっとあっちに行ったり、こっちに戻ったり。ただ、小説を書くときはその瞬間に勝負しなくていいんです。その一瞬で表現しているわけではないので、吟味できるし、離れることもできます。ずっとどこかで思い続けてて、あっこれかもって思ったら、それに乗っかればいいわけです。演技は違う。瞬間にそれら全てが行われる。だけど、やっぱり、その感覚の摑み方は似ていると思います。よく演劇と小説はどう繋がりますか？って聞かれるんですが、その質問ってほとんどの場合、台本を書くことと小説を書くことの繋がりについてなんです。でも、僕のなかでは圧倒的に俳優をやってるときの感覚の方が近いんです。

山崎　うん、そうだ。それはわかるよ。

山下　だから山崎さんの演技を見てると、僕が小説を書くときにやってることを体現されているように思えるんです。もちろんそれだけじゃないんですが、まずそれがある。それで山崎さんは、いつもおかしい。

山崎　おかしい？

山下　例えば僕は、ベケットっていつもおかしいんです。あと、カフカもおかしい。読んでいて、この人、おかしいと思いながら書いてたやろなって感じる。山崎さんが演技されているときに身体の線から出てくるものも、やっぱりおかしいんですよ。あれはものすごいことだと思います。おかしい、ということこそが表現、創作の肝だとすら思います。

山﨑　自分のことはよくわかんないけど、ベケットにしろ、カフカにしろ、物語を書いてるというより、その瞬間を書いてるわけじゃない？　俳優は流れのなかで瞬間と瞬間が繋がっているように役を演じるんだけど、本当は演説でもない限りそんな繋がりなんてなくて、切れてるんだよね。それをベケットが書くとおかしいんだよ。脈絡がないんだもん。

山下　そうですね。山﨑さんには、それを実現させる体力や集中力、あるいはテンションがあるんです。全体力というか。それがすごいなっていつも感じるんです。迫力やダイナミックさといえばそうなんですけど、でも、そういう言葉が使われ過ぎてて、ありきたりなものだと思われてるけどそうじゃない。あんな表現は稀有で、僕たちはああしたことを真剣に分析しないとダメだって思うんです。

書くことと演じること

山﨑　山下さんは自分で戯曲を書いて、自分で演じたりするわけだよね。だから、自分の書いたものを自分で裏切ったりするわけでしょ。俺は他人が書いたものを演じるわけだから、立場が違うと思う。でも、考えてみると似たようなことをやってるのかもしれないね。つまり、撮影までの準備期間で、自分で考えたイメージをまず台本に書き込むの。ここでため息つくかな、とか、もしかしたら笑っちゃうかな、とか。だけど、現場に行ったら全部忘れる。捨てちゃう。だって、シチュエーションが違うからね。それでもう勝手に動け、と思うんだけど、なかなかそうはならない。

山下　だから僕のイメージでは、文章を書くことと演技することは同じなんです。僕はやっぱり俳優になりたかった人間だから、書くときも演技するときもその感覚を大事にしないといけないと思いながらやってます。結果的にどんどんいわゆる演技とされるものからは遠ざかっていくような気がしますが、しかしそうなんだよな、と思いつつやっています。

山﨑　山下さんが最初に書くことを意識したのはいつだった?

山下　森田雄三さんと知り合ってからです。いろいろお話ししていくうちに、いろんなやり方があるのかもと思うようになって。森田さんは無責任に人をノせる人ですから、お前、書けよって言うんです。当時は演技だけしか知らなかったんですけど、とりあえずノリで書いてみたら褒めてくれた。まあ、あれは嘘やったと思うんですが、そこから書くことを覚えていきました。それもこれも、演技をやってるときに考えてたこととすべては地続きだったからなんだと思います。

さっきの山﨑さんの情動のお話に近いかもしれませんけど、例えば、小説についてずっと考えながら生活すると急に二、三行思いつくことがあるんです。トイレ行ってるときとか、ちょっとしたときに。で、とりあえず思いついたままに書いてみるんですが、まあ、だいたい使い物にならない。もう死んでる感じなんです。ただ、その先で別の文章がまた生まれる。そうやって一回自分のなかを通って、死んでしまったものの先で出てくる言葉を文章にしていく方が気持ち的には楽なんです。

山﨑　なぞっちゃうんだよね。

山下　はい。なぞるんです。だけどなぞるのは安心感があるんです。これはあとで絶対消すぞってわかってるんですけど、ちょっと一回書いてみるわけです。

山﨑　なるほど。俺は山下さんの文章は新鮮だなって思う。新鮮で面白い。

山下　僕、たまにほとんど素人の方に、ちょっと遊びみたいにして、思いついたことをそのまま動いたり、喋ったりしてもらうみたいなことをやったりするんです。演技ですらないわけです。まず、ぱっと座ってもらう。そのときの偶然の距離感によって、人が取るかたち。だけどすぐにちょっと離れてみたり、思い切って近づいてみたりする。だからとにかくそのかたちは動かさないでくださいって言うんです。調整しようとすると、あのよく見る、いわゆる他人同士にしかならないから。最初に偶然できたかたちが一番面白いんです。それはその瞬間のその人たちの偶然で出来ている。そこから見てる方が勝手にそこにいる二人の関係なり状態を想像するんです。これは夫婦かな、とか、兄弟かな、とか。やってる側は全く意味がわからないんですけど、わかんなくていいからとにかくやってくださいって（笑）。

山﨑　面白いね。即興ともちょっと違う。

山下　そうすると、突拍子もないことが起きたりするんです。その瞬間に、これが演技の芽かもしれないなって思います。それ以上、僕がどうこうすることはないんですが。

山﨑　そのイメージを変えちゃうのも面白いんだよね。例えばさ、男が二人いて、これは友人同士かなって想像したやつを、同性愛ってことにしちゃうの。恋人同士ってね。そうするとまた面白くなる。俺、山下さんはそうやって書いてるんじゃないかなって思う。ひっくり返して見てるっていうかね。だからあなたの文章で、街を歩きながらいろんな人物や状況に出会う描写が新鮮で面白いんだよな。本当か嘘かわかんないんだよ。しかし、山下さんは戯曲も自分で書くわけでしょ。自分で書いて、演技者としても参加する。集中と拡散。大変な才能だと思うよ。そして演出も。

山下　台本を書くのは稽古に入る前で、書いてからみんなと一緒に練習するわけですが、そうすると、書いてたときに思い描いていたこととは違うことが起き始める。これで良いと思ってたセリフがまどろっこしく感じたり、この役、この場面でまだ喋るのかって思ったり。そのときにちょっと悩むんです。作者としての自分と演技者としての自分、どっちの判断が正しいんやろって。最終的にどっちにするべきなのか、決めるのがなかなか難しいんです。

山﨑　だけど、書いたものが裏切られる方が楽しいんじゃない？

山下　はい。それを遠慮会釈なしに体験出来るよう、自分で書いていましたから。

山﨑　台本というのは叩き台だからね。演じる側が鮮やかに裏切れば裏切るほど、嬉しいはずなんだよ。ただ、山田太一さんの台本だけは一言一句変えられなかったな。ちょっと違っただけで全部壊れちゃうんだ。

山下　壊れちゃう？

山﨑　そう。全体が壊れる。それくらいデリケートで繊細なセリフだったね。ところがね、ベテランでも若い連中でも、それに気づかないやつは勝手に語尾を変えたり、アドリブを入れたりするんだよ。そうすると、明らかに、あぁここで壊れたなっていうことがわかるわけ。現場で後輩がそれをやったらさりげなく注意はできるんだ。でも、先輩にはなかなか言いにくいんだよな。それがすごく困って。だから、書いたセリフがどんどん変わっていくのが芝居をやる楽しみでもあるんだけど、山田さんに限っては例外だったね。そういう思いをしたのは山田さんの脚本だけだった。

決められたことから自由になる

山崎　さっき、素人を集めて即興とも演技とも言えないものをやってるって言ったけど、山下さんの新作の『FICTION』にも出てくるよね。「ラボ」って稽古場に人を集めて、その場で指示出して、演じさせる、というか動いてもらう。あそこを読みながら、俺があの場にいたら太刀打ちできないなって思ったんだけど、基本は一緒なんでしょうね。

山下　はい。なんていうか、僕らには技術がないんです。思いがあっても技術がない。それならその技術を追求するって方向に力を向けることもできたかもしれませんが、手段がわからなかった。だから思いだけ維持しながら、違うやり方を探さなきゃだめだってところから始まりました。

山崎　やっぱり決められたことからいかに自由になるかが大事なんだな。例えば、演技をしてる最中に余計なことをやってみる。会話をしてるときに意味なく相手の肩をたたいてみたり、痒いところを掻いてみたり。そうすると、ふっと新鮮になれるんだ。それまで何度も練習して繰り返してきた演技なんだけど、新しいものに変わった気がするんだよ。もちろんお客さんから見たら無駄、何の意味もない。だけど、計算外のことをやると演技が生き返った気がするの。これって、要するに決められた一連の演技には何の意味もないってことなんだな。『FICTION』の新鮮さもそこに通じるんだと思う。今、自分のなかに起きていることを殺してはいけない。抑えてはいけない。その感じをどう表現するかを山下さんは小説で書いてるんじゃないか。

山下 僕は芝居であっても小説であっても、決められた物語や台詞が上手に推進されてるだけの作品を観たり読んだりすると退屈でしょうがないんです。何も動いてないよって。動くものが見たい。

山﨑 同感。

山下 結局、山﨑さんがおっしゃった、演技中にその時思いついたことを取り入れて刷新してみるっていうのは、演技を楽しもうとするってことなんだと思います。この時間を楽しみたいとかそういうシンプルな思いというか。

山﨑 それは山下さんの小説にも言えることだと思う。山下さんの小説は『FICTION』も含めて、みんな物語が成立するかしないか、そのすれすれのところで書かれてるんだ。だからスリリングなの。登場人物も状況を解説したりするんじゃなくて、ただ塊としてあるだけ。普通の小説は展開させるわけじゃない。エピソードを入れたり、地の文で説明したりして、登場人物たちを物語に沿って動かす。そういう傑作もあるけど、でも、山下さんはそれを極力しない。ただ塊としてあるだけ。展開しない。俺はそれが大好き。

山下　ありがとうございます。僕のそれは、例えば山﨑さんのような偉大な演技人に影響されたからだと思ってます。山﨑さんは演技をしてても、顔とか身体とかごそごそ余計に動かしたりせずに内側が動いてるのがわかる。というか見ているこちらが動く。まさにあれこそが演技の力で、僕も小説であれができないかなってずっと思ってきたんです。そうすると物語の中身を書く必要がなくなるわけです。

山﨑　でも、物語がないわけでもないんだよね。物語が空っぽだとキャラクターも死んじゃうわけだから、それはなければいけない。その塩梅を山下さんはちゃんと調《ととの》えることができる。だから『FICTION』も読んでて快感だったね。面白いと思った。最初の話に戻れば「もやもや」があるんだ。「もやもや」は表現した途端になくなっちゃうのがジレンマ、そこをうまい具合にすり抜けてる。

山下　嬉しいです。今回、山﨑さんが僕の小説を読みながら書いた読書メモを見せてもらいました。こういうメモはいつもつけてるんですか？

山﨑　そう。脇に紙を置いて。俺の楽屋裏だから、若い頃は見せてくださいって言われてもそれはないよって思ってたんだけど、この頃はいいですよって言って見せちゃう。

台本の書き込みもね。

山下　「自分をさらけ出すことの恥ずかしさ、自分が自由になることの喜び」って言葉も書かれていますね。イギリスの俳優ジョン・ギールグッドの言葉。

山﨑　それは気に入ってる言葉なんだ。やっぱり、演技するっていうのは自分をさらけ出すことだから恥ずかしいよ、露出狂じゃないんだから。でも、それをやってうまくいくと、自由になれる。その快感は忘れられない。

山下　僕も恥ずかしいと思わない表現者は馬力がないように思います。

山﨑　自意識の壁って厚い方がいいんだな。逆に壁が薄いと簡単に自己表現できちゃうんだけど、自意識のあまりない人が演技をしても面白くない。自意識の壁が厚ければ厚いほど、突き破って外へ出たときの勢いが強くなるんだ。表現するのが恥ずかしくてたまらない。でも、それを突き破らなきゃって衝動に動かされたときに出るエネルギーが、表現にとっては大事なんだと思う。

綱渡りとしての演技

山下　もう一つ、山﨑さんにお聞きしたいことがあるんですが。ある役を演じるときに、そのキャラクターが占める物語のなかの位置ってありますよね。相手役との関係が、例えば夫婦だったり、部下とか目上の人間だったり、いろいろあると思うんです。そのときに、どの辺に立つとか、身体の線をどうするとかどれくらい考えて演じてますか？

山﨑　それはもうそのときの自分に任せちゃうね。それが面白いからね。自分で頭で考えてたってあまり意味はないと思う。演じてみて、自然とどういう線になるのかを楽しんでる、我々俳優は。

山下　こないだYouTubeで見たんですけど、野球選手はバッターボックスに立つと、大体ヤマを張って打ちに行くらしいんです。それくらい投手の投げる球は速いから、次は外角に直球が来るだろうって事前に推測して、外角に来たら、それを打つ。だから、そこに変化球が来たり、内角球が来たら手が出ない。だけど、一流のバッターはどこにヤマを張ってても、張ってないのか、来た球を全部打つらしいんです。打てちゃう。今の山﨑さんのお話はそれに似てるんじゃないかと思いました。

山﨑　まあ、覚悟があるかないかだよ。俺は演技って綱渡りみたいなもんだと思う。野球の場合、振るか振らないかは状況にもよるよね。例えば、ツーストライクだったらどんなボールでもストライクゾーンに来たと思ったら振らざるを得ない。綱渡り。演技ってのはそれなんだ。大事なのはその綱をどれくらいの高さにしておくか。１センチくらいのところで綱渡りしてても何も起きないじゃん。でも、5メートルくらいにすると落ちたら怪我をする。そうやって綱の地面からの高さを高くしておくのが重要なんだな。失敗するのが怖いとビビっちゃって、綱の高さをどうしても低くしちゃう。覚悟が必要だってのはそういうこと。

山下　僕、前にある人に、観客は初めて綱を渡る俳優のことをついつい見ちゃうもんなんだって言われたんです。ベテランは安心感があるから、わざわざ見ないって。冗談じゃないって思いました。だって、ベテランは今まで落ちずにやってきて、しかし今日落ちるかもしれへんのやぞって。そういう覚悟を持ってやってんのになんで見ないことがあるんやって。

山﨑　俺も昔はそうだったけど、若い頃ってさ、落ちるのがみっともないって思ってるんだよね。だから度胸がない。でも年取ってくると、もうどうでも良くなってくる。そんなもん俺と関係ないってね。それが自由になれるってことなんだと思う。そして、落ちても成立するのがいい芝居、いいドラマなんだろうな。

山下　でも山﨑さんは早くから怖がってないですよ。例えば、『早春スケッチブック』。あれは一九八三年の作品で、山田太一さんの脚本でした。山﨑さんは、あのとき、既に何かに怯えているようには見えないんです。最終回であの物語の中心の家族が、山﨑さん演じる沢田竜彦のところに会いにきますよね。泊まりに来ましたと言って。山崎さんはそのとき二階にいて、竜彦の交際相手役の樋口可南子さんが彼らを出迎えるんです。そうすると、死に瀕してる竜彦が「誰？」って言うんですが、あの声で、観てる方はもう、うわぁーってなるんですよ。あれは綱渡りに怯えてる人の声ではない。

山﨑　竜彦は怯えてる。だけど、それを演じる俳優が演技することに怯えてたら、ダメだよね。もう投げ捨てないと。俺にそれができてたかわかんないけど、理想で言ったらそうなる。演技者が怯えたら終わりなんだ。そりゃあ失敗したくないし、怖い。でも、その怖さに挑戦するのが麻薬みたいになってるのかな。

山下　はい。

山﨑　だけどさ、あの沢田竜彦ってキャラクターはとにかく喋るじゃん。息子やその義理の妹を相手にさ。焚き火しながら、酒を飲みながら、もうやたら喋る。お説教みたいな感じで、映画を観たくても我慢しろとか、好きなものがないのは恥ずかしいことだ、とか、そんなことばっかり言う。俺、あるとき山田太一さんに聞いたんだ。なんでこの男は、偉そうなことばっかり喋るんですか？って。そしたら、その答えが見事だった。喋ることがないんです、と。沢田竜彦には、血のつながった息子と彼の義理の妹、それから息子の母親や、彼女が再婚した相手に対して、喋ることがないんですって言うわけ。

だからあんなことしか話せないんだって。改めてこの人はすごいと思った。

山下　もちろん山田さんのシナリオはすごいと思います。ただ、やっぱり僕は竜彦を演じたのが山崎さんじゃなかったら、いったいどうなってたんだろうって思ってしまうんです。竜彦は孤独で、自分の死が近いという自覚がどこかにある。そこに血のつながった息子が現れた。そのときに、堰《せき》を切ったように喋り出す。山崎さんがそれを的確に演じるから、そこに何か切羽詰まった感じがあるって観てる方もわかるんです。この人はこうせざるを得ないんだなって。その説明もないのに。だけど現実はいつもそう。知らなくても人間の切実はわかる。それを山崎さんは演技で体現する。かつてどこかで確かに見た、切実な人間のことを思い出させるんです。

伊丹十三の意地悪

山下　昔、『伊丹十三の映画』という本のなかでインタビューに答えて、伊丹さんのことは尊敬しながらもどこか息苦しさも感じてたとおっしゃってましたね。

山﨑　そんなこと言ってた？　俺、それは言うまいと思ってたんだけど。

山下　言ってました。だんだんとそうなったって。

山﨑　伊丹さんとは近しい友達みたいな関係でね。一緒に何か作ろうよってところから『お葬式』が生まれたんだけど、どういうわけかだんだん息苦しくなってきてさ。『マルサの女』のときは、俺、もう居心地悪いし終わるとすぐ帰っちゃったの。そうしたら『「マルサの女」日記』に書かれてた。山さんが怒って帰ったが、あれは失礼だって。

山下　『マルサの女』では山﨑さん、最初の登場シーンで杖をついて出てくるじゃないですか。右手で杖をついた男が身体を少し斜めにして、足を引きずって歩いてくるんですけど、あれは山﨑さんのアイディアですか？

山﨑　いや、伊丹さん。あの少し前に『ピサロ』って芝居があったんだ。そのときに、俺はピサロって主人公を足の不自由なキャラクターにしようと思ったわけ。ピーター・シェーファーの戯曲にはそういう設定はない。でも、そういうのを一つ入れた方がいいなって考えた。戯曲の翻訳を伊丹さんに頼んだんだけど、その関係もあって、彼、毎日のように見にきてたんだよね。森下のベニサンって稽古場にね。で、そのあとに撮ったのが『マルサの女』。

山下　あの芝居はすごかったですね。ダスティン・ホフマンが『真夜中のカーボーイ』で同じように足が不自由な役をやるじゃないですか。僕、あれもすごいなって思ったんですけど、山﨑さんのはもっといちいちが大きい。歩くときに肩のラインが揺れる、その振れ幅が大きいんです。

山﨑　俺のはややこしいんだよ。なぜかというと、杖をついてるから。ダスティン・ホフマンは両足の二点で歩くわけでしょ。僕はそこに杖が加わるから、三点になる。複雑になるわけ。まず右手の杖を前に出して、次に左足を出し、それから不自由な方の右足を出す（部屋にあった野球のバットを杖の代わりにして、足を引き摺りながら歩く姿を実演）。だから身体の揺れが大きくなる。杖をどっちの手で持つか、伊丹さんと揉めたなあ。

山下　最初の方で、山﨑さんが部屋で踊るシーンがありますよね。

山﨑　あれは伊丹さんの意地悪（笑）。

山下　意地悪なんや（笑）。

山﨑　山田太一さんもそうだけど、なんとか俺を困らせようとしてくるんだ。難しい問題をわざと出してね。足が不自由な役でダンスするのってすごく難しいんだ。

山下　『早春スケッチブック』でもそうやったんですけど、山﨑さんの演技ってダイナミックに動くのに誰も怪我しなさそうに見えるんですよね。ああやって思い切って動く俳優がいると、本人や誰か別の俳優が怪我しがちなんですが、山﨑さんの演技はその心配が微塵もない。いわゆる普通の運動神経とも違って、演技のなかの運動神経が尋常じゃない。特に『マルサの女』ではそれが際立って感じられました。僕は演技中に誰かが怪我するのがすごく嫌なんです。観てて怖くなるから。

山﨑　俺も同感。そんなもん演技じゃないと思う。

山下　観る側として、そうやって安心できるのは山﨑さんと三船敏郎さんくらいなんですよ。三船さんも身体の動かし方が達人だったと思います。身体の細部にまで神経が行き届いてる。

山﨑　危険なことをやるのがスリルだと勘違いしてる映画監督って、そういうのを撮りたがるじゃない。でも、俺は思うんだけど、怪我するかもしれないギリギリの演技は演技じゃない。緊張感を撮りたいなら、それを演技で表現しなくちゃいけないんだって。だから俺は危険なことは絶対やらない。

山下　例えば、深作欣二さんって『仁義なき戦い』シリーズで俳優たちが吹っ飛ぶような殺陣をやったりするじゃないですか。だから、山﨑さんが『新　仁義なき戦い　組長の首』に出演されてるのを知ったとき、山﨑さんどうやるんやろうってすごく気になったんです。でも観てみたら、最後の組長を射殺するシーンで、静かに拳銃を抜いてゆっくり撃つ、それ以上の動きはしてなかった。『仁義なき戦い』のシリーズであんな静かな発砲シーンは珍しいんじゃないかと思います。

山﨑　深作さんは大きなアクションが好きで、それは見事だったけどね。

山下　演技っていうのは、殴る場面で本当に殴って本当らしく見せるみたいな、嘘か本当か、ということではなくて「本当」を超えることを言うはずだと思うんです。

山﨑　そう。俺もそう思う。

恥ずかしさのその先で

山﨑　あのね、作品って基本的に押し付けがましいんですよね。演技にしろ、小説にしろ、生意気なんだよ、人に対して。さっき話した表現の恥ずかしさってのは、その押し付けがましさのなかにあるものなんだけど、恥ずかしさは経験を積んでも持つべきなんだ。その先に至福の喜びがあるんだから。

山下　俳優ってよく誤解されるんですよね。人前で普通の人は恥ずかしくてできないことをするから、恥ずかしさを持ち合わせてないんじゃないかって。もちろんそういう人もいるけど。でも、僕が知ってるいい俳優って、コミュニケーションが苦手な人が多い。なんでこの人が人前に立とうと思ったんやろみたいな人が多い。何かの間違いで俳優になっちゃったのかなって思うんだけど、でも、俳優ってそういうもんなんじゃないか。

一本の映画を観て、自分も演技をしてみたいと急に思い立つ。だから羞恥心がないわけじゃない。文章もそうです。こうやってありがたいことに本を出してもらってるのに、読むなって思うわけです。読むなよ、触るなよって（笑）。ただ、生活するためにはお金が必要やから、買ってはほしい。でも読まなくていい。

山﨑　恥ずかしいんだね。でもやっぱりお金はねえ（笑）。

山下　はい。だから変なことやってんなって自分でも思います。それが矛盾したことやとわかってるから、本が出る時期、具合が悪くなるんです。最近なんか体調悪いなと思ったら、あっ本が出るのかって。

山﨑　アマチュアでいるってすごく大事だと思うんだ。文章もそうなのかもしれないけど、演技をするときに必要なのはプロであることじゃないんだ。裸になって、新鮮な気持ちで役と付き合う。その感覚がなくちゃダメ。

映画でも演劇でも、芸っていうじゃない。芸能みたいな言葉に引っ張られると、テクニックを覚えたり、表現の技術を磨いたりすることが進歩なんじゃないかって思っちゃうんだけど、それは危険だって思うんだ。いつもまっさらにして始めなきゃいけない。朝、パッと目が覚めたときに、あれ、どこにいるんだっけってなる感じ。人間のアマチュア。山下さんの作品にはそれがある。だから感動する。風呂敷に芸をいっぱい詰め込んでさ、仕事場で広げて、はい、この楽しい場面はこれですね、悲しい場面はこれかな、みたいに演技して何が楽しい？って思うね。だいたいさ、人間は隠したいことがあるもの。見せるのが恥ずかしいって気持ちが誰だってある。俺はそこから生まれる表現しか面白いと思わない。ただ見せてる、ご披露するだけなのは全然つまらない。犬や猿じゃないんだ。

山下　技術の話をすると、クラシックバレエとか歌舞伎とか、そういう古典芸能のものをみんな思い浮かべちゃうからなかなか伝わらないのですが、というか、演技の技術って説明できないものなんじゃないかって思う。大事なことは説明できない。たまに天才的なやつが出てきてうまく体系化するくらいで、本来は説明不能なもので、脳波を盗む、みたいなことでしか伝承しない。言語化不能な領域にそれはある、というような。

山崎　だから俺は役者って言葉も嫌いなんだ。役者は古典芸能の世界にいる人のことだよ。我々はみんなド素人なの。駆け出しの状態のままなんだよ。なのに、みんな役者として自分はどうのこうのって言う。蕁《じん》麻《ま》疹《しん》が出ちゃうね。役者ってほどのもんじゃねえだろうって思うんだ。

山下　ド素人と聞いて、とても気持ちが自由になる気がします。今日は貴重なお話をたくさん聞かせてくださって、ありがとうございました。なんていうか、こういう場がもっとあればいいのにと思いました。

山﨑　楽しかった。出会いっていうのは、本当に面白い。亡くなった森田が繋げてくれた縁に感謝だね。

（二〇二三年十二月十四日、山﨑努邸にて収録。構成・長瀬海
初出：「新潮」二〇二四年三月号）

特別寄稿　努さんのこと

山下智久（俳優）

「キミは、あれだな。特急電車じゃなくて、自分でジープを運転していきたいんだよな」

山﨑努さんからそう言われたとき、ハッとしました。

その頃、大きな芸能事務所に所属していました。大きな組織にいることは、特急電車にどこか似ています。さまざまなサポート体制のおかげで、速い推進力で進んでいくことができる。でも、それでいいのだろうか。もしかしたら、僕が欲しているのは、自分の足で一歩一歩進んでいる実感なのでは――。努さんの言葉を聞いて、そんな思いがふっと胸をよぎったんです。

実は、このような思いが自分の心にあったことに気づいていませんでした。というよりも、心の声に耳を澄ませようとしたことすらなかったのかもしれません。

僕自身も認識していなかった思いに、なぜ努さんは気づいたのか。理由は尋ねませんでしたが、気づけば僕は、努さんの目を見て答えていました。
「はい、きっと……そういうことなんだと思います」

努さんと初めてご一緒したのは、二〇〇六年のドラマ「クロサギ」。当時、二十一歳だった僕にとって初のゴールデンタイムのドラマの主演で、この作品での努さんとの出会いをきっかけに、価値観が大きく変わりました。

当初、努さんはあまり挨拶も返してくれませんでした。今思えば、僕がどのような人間かを見定めていたのかもしれません。

僕自身も、「俳優・山﨑努」の本当の凄さを知らなかった。世代的に大きく離れているというのもありますが、映画デビュー作「大学の山賊たち」や、「天国と地獄」「タンポポ」などの作品も恥ずかしながら観たことがなかった。「大先輩と共演できる喜び」よりも、「なんだか怖いオヤジだな……」という気持ちが勝っていたのが正直なところです。

ある日、第一話のオンエアが終わった後、撮影所の廊下でいつも通り「また、返事をしてもらえないかもな」なんて思いながら「おはようございます」と挨拶したら、努さんは親指を立てながら、ただ一言、でした。

「グー！」

これは、もしかしたら「第一話、良かったな」ということなのではないか――。痺れましたね。喜びのあまり、その場で跳び上がりたい衝動を抑えるのに精いっぱいでした。


この作品で、努さんに対して僕は脚本にないアドリブを自由にたくさん入れていました。詐欺師の世界に君臨するフィクサー役の努さんに「人生かかってるんだよ、このジジイ！」なんて生意気なアドリブまで入れてしまったことも。心臓が破裂しそうなほどバクバクしたのを今でも覚えています。

実際に僕も人生がかかっていたし、ここで自分が面白いと感じるものを遠慮せずにぶつけなければ……そういう焦燥感のようなものがあったのは事実。それに、僕は若いプロ詐欺師の役でしたから、努さんに立ち向かっていくのは、役柄ともリンクする部分がありました。

思い返してみても、出過ぎたことをしてしまい冷や汗が出るほどですが、努さんは僕のアドリブを寛大な心で受け止めてくださったんです。

「才能あるよ、キミは」

そう声をかけられたのは、「クロサギ」が終わってすぐの頃。一瞬、聞き間違えたのではないかと思った後に、心が震えるほどの感動を覚えました。

努さんがそう言ってくださったのだから、きっとどうにかなる。

それは度胸につながり、他の現場でも思い切って演じることができるようになった。「クロサギ」での共演がなければ、今日の僕はいない。今、僕が仕事を続けていられるのは、努さんのおかげです。

それからです。努さんが折に触れて声をかけてくださるようになったのは。

ご自宅にお邪魔して一緒にお酒をいただいたこともありました。最初は緊張のあまり、ただただ努さんの話に頷くだけで精いっぱいでした。

努さんの言葉はとても哲学的。すべてを理解しきれてはいなかったかもしれないけれど、なぜか心にスッと入ってきた。

酔っていると話をきちんと覚えていられないと考えると、非常にもったいないと思ってしまい、

「努さんのお話、録音してもいいですか」

そうお願いして、携帯に録音し、何度も聞き返しました。年齢を重ねて聞き返すと、

同じ言葉が別の意味に感じられ、自分の思考も深まってくる。まるでワインのように、努さんの言葉が僕の中で熟成されていくのを感じました。努さんの言葉は、僕の心の質量を大きくしてくれました。

十八年前の出会い以来、努さんから多くの言葉をいただきました。それらは粒子のように降り積もって、僕の生き方の基盤になっています。

「人はみんな仮面をつけていて、いろいろな顔を持っている。服を一枚ずつ脱いでいくような感覚で、隠している部分を正直に掘り下げていく」。これは、初めてお会いした頃に教わり、俳優としてずっと大切にしてきた考え方の一つです。

また、努さんがイギリスの演出家テレンス・ナップさんから聞いたという「Do not show, only be.」(見せようとするのではなく、ただそこに存在していなさい)という言葉。演技は嘘ではなく、本物である。役になるとはそのようなことなのだと教えていただきました。

「〝芝居〟っていうのは、俺は嫌いなんだ」ともおっしゃっていた。「芝居ではなく、演ずるという〝技〟だろう」と。努さんはサラッと口にしていましたが、これも僕の心には非常に深く残っています。

努さんから若き日のお話を聞いたことは何度かありますが、この『「俳優」の肩ごしに』では、僕が知らない努さんの姿がたくさん明かされていました。

たとえば「俳優志願」。よき理解者だった叔母さんに〈やめなさい。おまえみたいなカオで……。ばかなこと考えるもんじゃないよ〉と言われたこと。俳優としての出発点にこのようなエピソードがあったことに驚きました。

また、駆け出し時代には、初舞台で叩きのめされたり、豊田四郎監督に〈あんたヘタなんや〉と言われたり。努さんにさえそのような時代があったのだと思うと……おかしな言い方かもしれませんが、励みになるんです。「誰しもこのような苦難を乗り越えて成長していくのだから、自分も俳優を続けていていいんだ」という気にさせてもらえる。

特に心を打たれたのは、「ハダシの疾走」。少年時代の「ツトムくん」がお父さんの復員の話を聞き、裸足で山道を駆けて会いに行く。〈おれ、おしばいしてるな、と思う〉〈母や周りの人たちは父が帰ったことに僕が喜ぶと期待しているはずだ〉とツトムくんは思う。

読みながら、ふと少年時代の記憶が蘇ってきました。僕は母子家庭だったこともあって、とにかく母に心配をかけてはいけないという思いが強く、自分の気持ちを押し殺し、平気なふりをしていました——つまり、演じていたことがありました。

きっと誰もが、多かれ少なかれ「演技」をした経験があると思います。しかし、多くの人はそこに意識を向けていない。僕自身も「智久少年」が演技をしていたことを忘れかけていましたが、この話を読んで、過去の自分を遠くから静かに眺めることができました。

努さんの経験を通じて、読む者に自身の体験を思い出させ、それを客観的に見つめる機会を与えてくれる。この本の魅力は、そのようなところにもあるのだと思います。

努さんの言葉はどのようにして形作られるのか。

読書エッセイ『柔らかな犀の角』を読むと、そのヒントが見えてきます。僕の人生のバイブルともいうべき本で、これを読むと、努さんは、周囲にあるあらゆる言葉を読み、聞いて、さまざまな形で捉え、ご自身のフィルターを通して吸収しているのだと感じます。

僕の心の奥底を見抜いたのも、きっと努さんの言葉に対する感覚の鋭さあってのことなのでしょう。僕の拙い言葉の端々から滲み出た〝何か〟を掬い上げて、言語化してくださったのだと思うのです。

努さんの思考には、限界がありません。だから、ご自身のことも役のことも決めつけないし、枠にはまらない。

その姿勢は演技にもつながっており、非常に緻密に分析している一方で、現場で突如として起きるアクシデントも受け止めて楽しんでいるように感じられます。正確さと自由さ、相反する二つを絶妙のバランスで共存させている姿は、まるで物理学者であり哲学者でもあるようです。だからこそ、観客は努さんの演技に引き込まれるのではないでしょうか。

また、「『俳優が俺の天職だ』と宣言するほど恥ずかしいことはない」と常々おっしゃっていました。他に経験したことのない職業はたくさんあるのに、自分を「俳優」という枠組みに嵌めて、狭い世界で生きていることになる。そんなのはカッコ悪いという意味です。

僕が努さんを敬愛するのも、「俳優として」だけではなく、「人間として」のカッコ良さに惹かれているから。たとえば、ご家族を大切にされているところ。以前、奥様が体調を崩された際、献身的に看病されていて「俺じゃなきゃダメなんだよ」とおっしゃっていたのには大きな感動を覚えました。こんなふうに大切な人と支えあって生きていけたなら、どんなに素敵だろう。いつか自分も家庭を持つことがあれば、努さんと奥様のような夫婦になれたら……とひそかに憧れています。

二〇二〇年に独立して以来、僕は自分の手でジープのハンドルを握り、凸凹だらけの道をなんとか運転しています。

可能性は無限大。自分の限界を自分で決めつけない。努さんの言葉がそう教えてくれたからこそ、「俳優として」にとらわれず、飛び回り、走り回り、ぶつかって、もがいて生きていく。そんな泥臭い姿を努さんに見てもらいたい。それが努さんからの教えを形にすることにつながるはずだから。

時にはブレそうになることもあるかもしれません。そんな時は、努さんの本を読み、言葉を噛みしめ、自分の軸を取り戻す。僕にとって努さんの本は、いつも手元に置いておきたい人生の羅針盤です。それは、これから先も変わることはないでしょう。

二〇二四年十一月　撮影で滞在中のオランジュの街にて

解説

池澤夏樹

うまくいったひとつの人生の報告である。

うまくいかなかったこともいろいろあったけれど、八十五歳の山﨑努は自分が歩いてきた道を振り返ってこのように書いた。

子供のころはともかく、十九歳で俳優座養成所に入ってから六十六年間ずっと演劇と映画に関わって生きてきた。ずっとそればかりだから他の話題がない。森繁久彌のようにヨットを持つこともなく、マーロン・ブランドのように三回結婚することもなく、テレンス・ナップのようにハワイに拠点を移すこともしなかった。

若い時にはおもしろい話がたくさんある。

養成所の時に貧乏で空腹、演技の途中で失神してしまった。見かねた河内桃子さんが千円札をそっと手の中に入れてくれた（ゴシップは実名が大事だ）。

なにかと引き立ててくれたマネジメントのチーちゃんが「この子は目がいい、生きのいい目をしてる」と言ったら、そばにいた岸田今日子さんが「魚じゃあるまいし」と笑っていた。

「天国と地獄」の最後、死刑囚になった竹内銀次郎（山崎努）と権藤金吾（三船敏郎）が面会室で金網越しに対決する。山崎をスターにした名場面だが、あの金網、照明の熱で熱くなっていたのだ。無意識に摑んだ彼は指にやけどをして、それに後で気づいた。


さて、俳優というのは見られるのが仕事である。

舞台の上では見られていることを意識して動く。

その最初の例が八歳の時、ずっと不在だった父が復員して帰ってきたと聞いて家からハダシで駆けだした一件。「走りながらツトムは、これウソだな、おれ、おしばいしてるな」と思う。

似たような記憶がぼくにもある。小学三年生、家に一人でいる時に電報が来た。帯広にいた祖父が死んだという報せだった。ぼくは泣き出し、泣きながら「こういう時は泣くもんなんだ」とどこかで思い、そう思うことを後ろめたく思っていた。

この初めての「おしばい」について、彼はこう書く――「自分を観察するもう一人の自分、つまり自意識が切実なものとして現れた。このあたりから幼いツトムくんと今の僕の関係がややこしくなってくる」。突き放して冷ややかに書きたいのだが、やっぱり自分には違いない。今の僕は幼いツトムくんを継承している。自我が分裂し、また融合する。

俳優という職業になるともっとややこしくて、舞台の上の役、それを演じている俳優としての自分、その背後にいる真の自分、の三層に分かれる。だから真の自分は「俳優の肩ごしに」役になった自分を見ていることになる。この本を書いたのは真の自分。

俳優と役の関係が問題だ。没入とか一心同体とか、そんなそんな……

この本は軽い筆致だから演技の神髄には踏み込まない。俳優・山﨑努の本音を聞くには『俳優のノート』を見るのがいい。一九九八年一月十七日に始まる「リア王」の公演を準備段階から精密に書いた日録。彼が舞台に立ったのはこれが最後だった。

その中で例えば彼はこう言う――

俳優にとって、技術の蓄積は貴重である。しかし、その技術が、役を表現する上で障害になることもある。よく通る声、巧みなせりふ廻し、華麗な動きはたしかに心地よいが、さて役の人物はというと、何も見えてこない。舞台の上には、得々と演技を披露している俳優がいるだけ、ということがよくある。しかし観客が見たいのは、俳優ではない。観客は、劇場という非日常の世界で、今、正にそこに生き生きと息づいている劇中の人物が観たいのだ。

この本にも演技論がいろいろある。名言が多いし、それはたくさんの舞台経験から抽出・精製されたものだからとても意味が濃い。

これも例を挙げてみれば——

言葉にする以前のもやもやした感情、あるいは突然湧きあがってくる情動といったものが人にはある。これらは出来立てほやほやだから、まだ頭脳の検閲が済んでいない。その分、新鮮で刺戟的。当然危険性もあるのだが。／作文などとは違って俳優の演技は心の動きと表現がほぼ同時に進行している。生きのいい演技ほど心の動きを「言葉」に整理する時間がない。

ぼくは文章を書く者だから、こういう言葉以前の心的状況は書けない。俳優の頭に湧いたものが瞬時に仕草やイントネーションになって人の目と耳に曝される。無理に文章にしようとすると隠喩などの生ぬるい気の抜けたものになるだろう。一方、もやもやのまま出すのに危険性もあるというのもわかる。綸言汗の如し。消すことはできないのだから。

身体を自由に扱えることはぼくには驚異だ――

舞台の上で、カメラの前で、心身ともに解放され、前後左右どこへ行ってもいい、何を喋っても喋らなくてもＯＫ、といった自由な状態になるときがある。この快感は何物にも代え難い。

そうなのか！　ぼくの場合、自分の身体が人の目に触れること、人に直接話すことはできるかぎり避けたい。そういう訓練はしてこなかったから。

講演という任務が時おり割り当てられる。話す内容は予め準備もできるし目の前に置いたメモにも頼れるが、動きはその場で作るしかない。早い話が司会者に呼ばれて舞台の袖から演台まで歩くのが苦痛。背筋が伸びず、足運びもおぼつかず、手の扱いにも困る。ナンバ歩きになっていたらどうしようと妄想したりして、苦難の二、三十歩である。終わってからお辞儀をして拍手に追われて退場するのも、本当に逃げるような気持ち。つまり身体を持て余している。

実をいうとぼくはこの天下の名優とけっこう親しい。ツトムさんとナッちゃんと呼び合うほどで、しばしば会って歓談するし、普段はＬＩＮＥでつながっている。彼はともかく友人を作るのが下手なぼくには珍しい。

仕事が違うのがいいのかなとも思う。

俳優に観客がいるように作家・詩人には読者がいる。俳優と観客は面と向かい合っているが、作家・詩人の場合は自分の部屋に籠もって書き、読者は自分の部屋に籠もって読む。顔が見えない、反応が見えないという淋しい関係だから、パフォーマンス・アーティストが羨ましいと思う。

仲がいいのにぼくは映画では知っていても彼の舞台を見ていない。ぼくは新劇のファンではなかった。最後の舞台「リア王」の時にはまだ出会っていなかった。ぼくもいろいろ忙しかったのだ。

だから知っている舞台は「ダミアン神父」だけ。それだって彼から貰ったビデオであって実演ではない。

親友テレンス・ナップに貰った作品で、主人公は十九世紀のハワイでハンセン病患者に献身したカトリックの神父で、実在の人。

この一人芝居には夢中になった。何度も見て筋書き、所作、表情、台詞回し、ぜんぶ頭に入っている。

運がいいということもある。ぼくはハワイには詳しく、現地であるモロカイ島に行って、当時の収容施設があったカラウパパ半島も知っている。この神父のことも以前から知っていた。

そういう助走路のおかげか、これには没入できた。

だから初演の時のこの話には驚いた。なぜか舞台の袖に立った時、頭のなかが真っ白になっていたというのだ――

出のきっかけ直前、五秒前くらいだろうか、閃いた。これから舞台に行ってなにかやるのは俺じゃない、ダミアンだ、俺は奴に身体を貸してやるだけだ。ホリゾントに写真で見馴れたダミアンの顔が浮かんだ、ような気がした。おい、あんたが好きなように喋れ、好きなようにやれ。俺は知らん。とたんにパニックが解けた。ゆっくり歩き出す。照明が入るエリアまでの一歩ごとに気楽になっていく。

これが俳優なのだろう。

何百回やってもすべて初回はこれ。続く日々でも不安は同じ、ということは『俳優のノート』に詳しく書いてある。

この本ぜんたいを要約すればこの数行に至る。

そして、ここまで書いてから気づいたのだが、一人の男が生涯を語るという形を「ダミアン神父」と『「俳優」の肩ごしに』は共有している。

二〇二四年十一月　安曇野

（作家・詩人）

初出
日本経済新聞朝刊（二〇二二年八月一日〜三十一日）
単行本　二〇二二年十一月　日本経済新聞出版刊
巻頭写真　高橋　昇（舞台「ヘンリー四世」、PARCO劇場、一九九一年）
DTP制作　エヴリ・シンク

文春文庫

「俳優《はいゆう》」の肩《かた》ごしに

定価はカバーに
表示してあります

2025年1月10日　第1刷
2025年1月25日　第2刷

著　者　山《やま》﨑《ざき》努《つとむ》
発行者　大沼貴之
発行所　株式会社 文藝春秋

東京都千代田区紀尾井町 3-23　〒102-8008
TEL 03・3265・1211㈹
文藝春秋ホームページ　https://www.bunshun.co.jp

落丁、乱丁本は、お手数ですが小社製作部宛お送り下さい。送料小社負担でお取替致します。

印刷製本・TOPPANクロレ

Printed in Japan
ISBN978-4-16-792324-2

（　）内は解説者。品切の節はご容赦下さい。

内田英治
ミッドナイトスワン
トランスジェンダーの凪沙は、育児放棄にあっていた少女・一果を預かることになる。孤独に生きてきた凪沙に、次第に母性が芽生えていく。切なくも美しい現代の愛を描く、奇跡の物語。
う-37-1

尾崎世界観
苦汁100%　濃縮還元
初小説が文壇を驚愕させた尾崎世界観の日常と非日常。文庫化に際し、クリープハイプ結成10周年ライブがコロナ禍で中止になった最中の最新日記を大幅加筆。苦味と旨味が増してます！
お-76-2

桂　米朝
落語と私
東京落語と上方落語のちがい、講談・漫談とのちがい、女の落語家は何故いないか等々、当代一流の落語家にして文化人である著者が落語に関するすべてをやさしく語る。（矢野誠一）
か-8-1

川村元気
仕事。
山田洋次、沢木耕太郎、杉本博司、倉本聰、秋元康、宮崎駿、糸井重里、篠山紀信、谷川俊太郎、鈴木敏夫、横尾忠則、坂本龍一――12人の巨匠に学ぶ、仕事で人生を面白くする力。
か-75-2

是枝裕和
映画の生まれる場所で
世界的名匠の目は現場で何を見ているのか。カトリーヌ・ドヌーヴを迎え、パリで撮影された映画『真実』。予想外の困難と発見の連続だった撮影を日記、手紙、画コンテで振り返る。（橋本　愛）
こ-50-1

堺　雅人
文・堺雅人
大きな話題を呼んだ、演技派俳優の初エッセイ。文庫版では蔵出しインタビュー＆写真、作家・宮尾登美子さんとの「篤姫」対談や、作品年表も収録。役者の「頭の中」っておもしろい。
さ-60-1

高見澤俊彦
音叉
THE ALFEE・高見沢俊彦の初小説！　70年代の東京を舞台に、バンドのプロデビューを控えた大学生たちの青春を恋と当時の洋楽を交えていきいきと描きだす。文庫用エッセイも収録。
た-106-1

（　）内は解説者。品切の節はご容赦下さい。

中野京子
ヴァレンヌ逃亡
マリー・アントワネット　運命の24時間
フランス革命の転換点となった有名な国王逃亡事件はなぜ失敗したのか。女王アントワネットの真実とは。迫真の攻防戦24時間を再現した濃密な人間ドラマ！　（対談・林　真理子）
な-58-2

中野京子
名画の謎
ギリシャ神話篇
古典絵画はエンターテインメント！「名画の謎」シリーズ、文庫化の第一弾は、西洋絵画鑑賞には避けて通れない「ギリシャ神話」がテーマ。絵の中の神々の物語を読み解きます。（森村泰昌）
な-58-3

中野京子
名画の謎
旧約・新約聖書篇
矛盾があるからこそ名画は面白い！「創世記」からイエスの生涯、『最後の審判』などのキリスト教絵画を平易かつ魅力的に解説。驚きと教養に満ちたシリーズ第二弾。（野口悠紀雄）
な-58-4

中野京子
名画の謎
陰謀の歴史篇
画家が描いたのは、権力へと強欲な手を伸ばし、運命に翻弄され、恋に身を焦がす人間たちの姿。美しい絵に秘められた時代の息吹と人々の思惑をスリリングに読み解く。（宮部みゆき）
な-58-6

中野京子
名画の謎
対決篇
そっくりの構図で裸婦を描いた2枚。片や絶賛され、もう一方は物議をかもした。その理由は？　様々な観点から名画を対決させ、真相を紐解く。絵画の世界は広く奥深い！（岡本弘毅）
な-58-7

中野京子
名画と読むイエス・キリストの物語
あのイエス・キリストの一生を、43点の絵画を通して解説しつつ、その生涯を追う。「怖い絵」シリーズで大人気の著者ならではの、読んで、見て楽しい一冊。（末盛千枝子）
な-58-5

中野京子
運命の絵
命懸けの恋や英雄の葛藤を描いた絵画、画家の人生を変えた一枚……。「運命」をキーワードに名画の奥に潜む画家の息吹と人間ドラマに迫る。絵画は全てカラーで掲載。（竹下美佐）
な-58-8

（　）内は解説者。品切の節はご容赦下さい。

中野京子
運命の絵
もう逃れられない

若く、美しいバーの売り子。彼女の虚ろな表情が物語る、残酷な現実とは――。名画の背後にある運命のドラマをひもとき、画家の企みと時代のリアルに迫る、絵画エッセイ。（藤本　聡）
な-58-10

中野京子
運命の絵
なぜ、ままならない

恋におちた若い男女。美しすぎて嫉妬をかった彼女を待っていたのはまさかの嫁姑問題!?　名画に潜むスリリングなドラマを読み解くシリーズ第3弾。名画31点をすべてカラーで掲載。

な-58-11

中野京子
そして、すべては迷宮へ

『怖い絵』や『名画の謎』で絵画鑑賞に新たな視点を提示した著者は、芸術を、人を、どのように洞察するのか？　美しい絵画31点とともに綴る、ユーモアと刺激にあふれるエッセー集。

な-58-9

西川美和
永い言い訳

「愛するべき日々に愛することを怠ったことの、代償は小さくはない」。突然家族を失った者たちは、どのように人生を取り戻すのか。ひとを愛する「素晴らしさと歯がゆさ」を描く。（柴田元幸）
に-20-2

西川美和
きのうの神さま

世界を魅了する西川美和作品――その原石5篇。笑福亭鶴瓶氏の「解説」、書き下ろしの「あとがき」も加えた新装決定版。直木賞候補作。

に-20-3

秦　新二・成田睦子
フェルメール最後の真実

世界に37点しかないフェルメール作品。それを動かすのは「フェルメール・マン」と呼ばれる国際シンジケートの男たち。美術展の裏側をリアルに描くドキュメント。全作品カラーで掲載。

は-15-2

橋本　忍
複眼の映像
私と黒澤明

黒澤との共作『羅生門』で脚本家デビューした著者が初めて明かす『生きる』や『七人の侍』の創作秘話の数々。黒澤映画の貴重な一次資料にして、名脚本家の感動の自伝。（加藤正人）
は-38-1

（　）内は解説者。品切の節はご容赦下さい。

辺見じゅん　原作・林　民夫　映画脚本
ラーゲリより愛を込めて
戦後のシベリア強制収容所で過酷な日々を過ごしながら家族や仲間を想い、生きる希望を持ち続けた山本幡男の生涯と夫婦愛を描く。涙なくして読めない究極の愛の実話。映画ノベライズ。
へ-1-5

星野　源
そして生活はつづく
どんな人でも、死なないかぎり、生活はつづくのだ。ならば、つまらない日常をおもしろがろう！　音楽家で俳優の星野源、初めてのエッセイ集。俳優・きたろうとの特別対談を収録。
ほ-17-1

星野　源
働く男
働きすぎのあなたへ。働かなさすぎのあなたへ。音楽家、俳優、文筆家の星野源が、過剰に働いていた時期の自らの仕事を解説した一冊。ピース又吉直樹との「働く男」同士対談を特別収録。
ほ-17-2

星野　源
よみがえる変態
やりたかったことが仕事になる中、突然の病に襲われた。まだ死ねない。これから飛び上がるほど嬉しいことが起こるはずなんだ。死の淵から蘇った3年間をエロも哲学も垣根なしに綴る。
ほ-17-3

松尾　諭
拾われた男
自宅前で航空券を拾ったら、なぜかモデル事務所に拾われた。フラれてばかりの男が辿り着いた先は。自称「本格派俳優」松尾諭、笑いと涙のシンデレラ(!?)ストーリー。　（高橋一生）
ま-43-1

山﨑　努
俳優のノート
舞台『リア王』の出演決定から二年にわたって綴られた、緻密な演技プラン。黒澤明、伊丹十三、岸田今日子らとの魂のやりとり。役作りのすべてを明かした日記文学の傑作！　（香川照之）
や-30-2

若林正恭
ナナメの夕暮れ
世界を疑い続ける面倒な性格を持て余していた著者は、いかにして立派なおじさんになったのか。自分探しは、これにて完全終了！　書き下ろし「明日のナナメの夕暮れ」収録。（朝井リョウ）
わ-25-2